上海地情普及系列丛书·服务"五个新城"建设
上海市地方志办公室　主编　上海通志馆　承编

走进奉贤

杨杨 ——— 编著

上海人民出版社　学林出版社

"上海地情普及系列丛书"编委会

名誉主任　王荣华

主　　任　洪民荣

副 主 任　姜复生

编　　委　吴一峻　唐长国　黄文雷

（按姓氏笔画为序）

"上海地情普及系列丛书"编辑部

主　　编　吴一峻

副 主 编　吕志伟　杨　杨

承编单位　上海通志馆

总序

今年是上海市地方志办公室、上海通志馆推出"上海地情普及系列丛书"的第四年。第四辑聚焦嘉定、青浦、松江、奉贤和浦东新区五个区，以《走进嘉定》《走进青浦》《走进松江》《走进奉贤》《走进南汇》为题，服务上海"五个新城"发展，我感到很有意义、很有价值。这充分体现了地方志系统围绕大局、服务中心，积极用好地方志资源，发挥存史、育人、资政职能的主动追求。

2017年国务院批复的《上海市城市总体规划（2017—2035）》明确提出：将位于重要区域廊道上、发展基础较好的嘉定、松江、青浦、奉贤、南汇等新城，培育成在长三角城市群中具有辐射带动作用的综合性节点城市。2021年1月，"五个新城"首次写入市政府工作报告，明确将以五个新城建设为发力点，优化市域空间格局。2021年3月，上海市政府发布的《关于本市"十四五"加快推进新城规划建设工作的实施意见》明确：至2035年，嘉定、青浦、松江、奉贤和南汇5个新城各集聚100万左右常住人口，基本建成长三角地区具有辐射带动作用的综合性节点城市。至2025年，5个新城常住人口总规模达360万左右，新城所在区的GDP总量达到1.1万亿元，新城基本形成独立的城市功能，在长三角城市网络中初步具备综合性节点城市的地位。

加快建设"五个新城",是上海积极谋划长远发展的一个重大战略布局,是上海积极落实长三角一体化发展的一个重要举措,也是历史赋予嘉定、青浦、松江、奉贤、南汇五个区域的光荣使命和发展契机。这五个地区地理位置独特、文化底蕴深厚、发展历史悠久、经济基础扎实、特色特点显著。因此,要了解这五个新城,就必须认识它们所在的区域,了解这些区域的发展历史、发展过程、发展特点、发展现状,了解这些区域的人文、自然、社会、文化和经济等方方面面。我想,这也应是"上海地情普及系列丛书"今年这一辑选题的初衷和用意。

从这一辑丛书中,我们可以读到上海的历史和发端,比如上海之根、上海之源;可以读到上海丰富的历史遗产和优秀传统,比如农业技术、"贤文化"乃至珍贵的四鳃鲈鱼;可以读到上海发展历史中众多具有标志性、里程碑意义的"第一",比如上海最早的"卫星城"建设、出口加工区建设;可以读到改革开放特别是新时代以来的上海无数创新成果,比如"科创走廊""东方美谷",特别是临港片区发展,等等。这些内容不仅仅是关于这些地区的,同样代表着上海的历史与发展,集中体现了上海"开放、创新、包容"的城市品格。

"上海地情普及系列丛书"出版以来,坚持以地方志资料为基础,致力于大家写"小书"、专家写普及读物,致力于精心设计和打造。例如,第一辑聚焦"源",第二辑选取"点",第三辑侧重"条",第四辑突出"块",从不同角度比较全面地介绍了上海发展的历史和特色。第四辑丛书仍然采取了专家学者撰写的方式，内容丰富、叙述简洁，读起来通俗易懂。这些工作都是地方志机构和地方志工作者在承担繁重的修志编鉴工作基础上开展的，难能可贵。同时，出版社也给予了大力帮助和支持。地方志普及和开发利用，确实是需要全社会广泛关注和共同努力的。

总之，我觉得，这一辑"上海地情普及系列丛书"是上海市地方志办公室、上海通志馆奉献给广大市民群众和青少年的又一套生动活泼的爱国、爱乡和"四史"教育的好教材，值得一读，值得推荐。

此为序。

上海市第十届政协副主席
国家教材委员会专家委员
上海市教育发展基金会理事长

目录

总序 1

大美贤城　画卷铺展 1

千年文脉　传承地 7
　"浦南重镇"南桥　9
　"水上长城"奉贤古石塘　14
　明城墙上的万佛阁　19
　从文游书院到南桥小学　22
　沈家花园的百年沧桑　26
　古华园中的奉贤历史　29

见贤思齐　贤者地 37
　名医辈出的"御医世家"　39
　清初"太常三绝"高层云　45

萧宝山革弊鼎丰酱园　　49
　　为革命牺牲的奉贤第一人　　54
　　潜伏在曙光中学的革命者　　58

通江达海　江南地　65
　　运河两岸的古镇"新生"　　67
　　水绿交融的"城廓公园"　　73
　　江海联景的"新水乡"　　77
　　金海湖上的"大客厅"　　84

诗意生活　宜居地　91
　　不出奉贤就上好学校　　93
　　家门口的"医"靠　　98
　　离开奉贤，便到世界　　103
　　南上海运动健康新城　　109
　　在"九棵树"邂逅艺术文化　　116

双擎驱动　梦想地　125
　　"东方美谷"：中国化妆品产业之都　　127

"未来空间"：智能汽车发展新高地　　135

"数字江海"：上海首个数字化国际产业社区　　141

序章以启　未来可期　　145

大美贤城　画卷铺展

奉贤区位于上海市南部，与浦东新区、松江区、金山区、闵行区四区交界，全区行政区域面积733.38平方千米。奉贤襟海带江，南临杭州湾，北枕黄浦江，拥有31.6公里长的海岸线和13.7公里长的江岸线。一代代勤劳的奉贤人修筑起了长达40.7千米的海塘，让沧海变良田。同时，奉贤地处长江三角洲冲积平原，地势平坦，河道交叉，既有横亘东西的浦南运河，也有纵贯南北的金汇港，境内气候温暖湿润，日照充足，雨水充沛，物产丰饶，耕地面积达24394公顷，是名副其实的江南鱼米之乡，获评为"2021中国最具生态竞争力城市"。这些得天独厚的地理生态优势，让奉贤这块土地既有东海的波澜壮阔、黄浦江的风起浪涌，也有运河的温婉绵长、江南的流水人家，孕育了奉贤独特的"贤美文化"，荟萃了奉贤历史和人文的精华。

奉贤历史悠久。距今四千年前，现奉贤区境西南部的柘林镇一带已有人类居住，为我们留下了柘林古文化遗址、江海良渚文化遗址和浦秀村遗址。此后，在这块被称为长江三角洲东端最古老的陆地上，人类文明的曙光开始闪耀。春秋战国时期，奉贤先属吴越，后属楚。秦汉两晋至南朝宋齐，奉贤隶属浙江海盐县。唐天宝十年（751年），唐廷设华亭县，奉贤归属于华亭县，一直延续到清初。此时，生活在这里的人们一直口耳相传一个故事，就是孔子的弟子言偃（即言子）曾经东游到此地并且在这里讲学，那时境内弦歌不绝、学风蔚然，奉贤逐渐成为"滨海文墨之区"。正因为这个传说，人们感念言子的功德，到清雍正四年（1726年）奉贤自华亭县分出独立建县时，就将此地命名为"奉贤"，以表达敬奉贤人之情。胡道静先生曾说，言子讲学"事于史传，未见记述，然古史缺文，何其多矣；传说之成佳话，又何伤其为传说也"。无论故事是否属实，它都反映出奉贤人对礼乐教化之邦的美好向往。"敬奉贤人，见贤思齐"也成为历代奉贤人的文化精神。1958年11月，奉贤县正式划归上海市，南桥镇成为县城所在地。从此，奉贤与上海的城市发展就紧紧联系在了一起。

20世纪50年代，为了满足工业发展需要，上海开始探索郊区卫星城，当时奉贤还没有划归上海，因此未纳入第一批卫星城建设行列。90年代后，"新城"概念逐渐取代"卫星城"，成为了统筹城乡建设、推动区域发展的重要战略举措。2003年，《上海市城市总体规划（1999—2020）中、近期建设行动计划》出炉，奉贤南桥作为11个新城之一，开始进入发展机遇期。

2006年，为了进一步解决郊区城市化缓慢、城市空间结构不合理、中心城区人口和开发密度过高、土地功能重叠等问题，上海提出了"1966"城镇规划体系，即1个中心城、9个新城、60个新市镇、600个中心村的四级体系。为响应规划，南桥新城全面启动城市建设。2008年1月，奉贤区政府成立南桥新城开发管理委员会并设立上海奉贤南桥新城建设发展有限公司。新城建设由此拉开了大幕。

2010年《上海市政府工作报告》明确提出，南桥新城是"十二五"期间重点推进的三座新城之一。经过几年的建设，新城水电交通等基础设施逐步完善，先进制造业和现代服务业等产业发展特色鲜明，各类教育、医疗、商务等公共服务惠及民生，"一核连四片、一环串两带"的城市框架基本形成。2014年，南桥新城被国家住建部列为国家绿色生态示范城区。

2017年12月，在《上海市城市总体规划（2017—2035年）》中，南桥新城正式更名为奉贤新城。2018年1月，在《上海市奉贤区总体规划暨土地利用总体规划（2017—2035）》中，奉贤新城规划面积变更为67.91平方千米。规划范围东至浦星公路，南至G1503上海绕城高速公路，西至南竹港和沪杭公路，北至大叶公路，总面积67.91平方公里，规划人口100万人。

从南桥新城到奉贤新城，从郊区新城到独立的综合性节点城市，奉贤抓住了时代机遇，着力避免"千城一面、千城一策"，也深知"与众不同，才能创造独一无二"。那么，在众多新城的百舸争流中，奉贤新城的"新"又落在何处？

"新"在守正创新。奉贤依托十字水系、环城公园等生态禀赋，将新江南文化融入城市建设之中，让因水而兴的城市又因水再兴，让都市古镇遇见田园牧歌。奉贤以"百里运河、千年古镇、一川烟雨、万家灯火"的大写意，依托"浦江第一湾"，利用东西向的浦南运河和南北向的金汇港两条水道，打造水岸经济文化新样态，串联起两岸悠久的历史遗存，又沿着水系构建长达100公里的绿色步道，同时将现代功能植入水岸空间，使得新城水空间体系既有江南特色又有实用价值，沿岸古镇、古村、古桥、古街由此重焕活力，呈现出诗意的新江南水乡景致。

"新"在宜人宜居。奉贤孕育的"贤美文化"营造了"重贤、尚贤、敬贤"的社会氛围，让在这个城市中生活的每个个体都能找到归属感与认同感。奉贤用最大限度的努力去回应人民对美好生活的向往，让人民做城市的主人。你想要推窗见绿，奉贤就有"百个大空间、千个链接点、万个微基建"的"满天星"工程；你想要便捷生活，奉贤就有涵盖住房、教育、医疗、出行等"民生七件事"的"萤火虫"工程……这些"微空间""微基建""微功能"，营造出了一座具有人性化、人文化、人情味的人民城市。

"新"在跨界融合。奉贤敢于吸纳新理念、新资源、新产业，接受无限可能，让新城变强。奉贤将有限的资源可持续地发展，将有限的土地空间向数字化空间转变。"东方美谷"的品牌价值在2021年高达287亿，其以美丽健康为底色，聚焦食品、药品、化妆品，建设中国化妆品产业之都、上海大健康产业核心承载区；作为智能网联汽车的新高地，"未来空间"与中车城市交通有限公司、百度公司、中智行（上海）交通科技有限公司、上海交通大学等行业标杆合作，建成全国首个"智能驾驶全出行链创新示范区"，成为上海汽车产业"第三极"。

城之南，海之上，江海田园，坐标已定。"新城兴，则奉贤兴。"

为了让新城既有《富春山居图》的水乡诗意,又有《清明上河图》的繁荣景象,奉贤在变中实现超越,着力打造江海联景、城园相融、林廊环绕、美丽宜居、产城融合的现代化新城。"未来之城"的画卷正在奉贤徐徐铺展。

上海之鱼

千年文脉　传承地

"浦南重镇"南桥
"水上长城"奉贤古石塘
明城墙上的万佛阁
从文游书院到南桥小学
沈家花园的百年沧桑
古华园中的奉贤历史

"浦南重镇"南桥

奉贤地处江南,古镇众多,南桥、奉城、清溪、庄行……无不具有典型的江南水乡风貌。其中,南桥自古被誉为"奉邑首镇""浦南重镇",现在的南桥既是中共上海市奉贤区委、区人民政府所在地,也是奉贤区政治、经济、文化及信息中心。

南桥历史悠久,有着千年积淀。南桥镇,又名南梁,以镇有南桥而得名,当时镇内还有北桥。据清嘉庆《松江府志》记载:"南桥,在十三保,一名南梁,直北有桥,傍横泾,曰北桥,古亦镇也,有大冈路直达二桥,长四十余里,中阻黄浦,亦尝构梁,即乡人误为黄土桥者。"

南桥所在地区约在公元4世纪前成陆。唐末之前,该地形成集镇,历经唐、宋、元、明至清雍正年间,均属华亭县。五代后晋天福五年(940年),南桥人蒋汉在此地舍宅建寺,吴越王赐名为"安和院",宋太平兴国八年(983年)改名"明行教寺"。元时设有南桥务和南桥税课局,明初革除。明洪武初设巡检司。明洪武八年(1357年),建南桥税课司。洪武二十年(1387年),设戚木巡检司,后改称南桥巡检司,直至清末。清雍正四年(1726年),奉贤从华亭县分出,建奉贤县,县治设于南桥镇西街的西真道院,清人黄之隽在《过南桥诗》中称："三女冈前寺，奉贤新县居。"雍正九年（1731年），县治迁至奉城。1912年，县治又由奉城迁回南桥。截至2001年奉贤撤县建区，南桥镇为县治所在地有百年历史。

南桥文化底蕴深厚。"敬奉贤人，见贤思齐"的文化传承绵延千年，经久不衰。人民北路有县级文物保护单位南桥佛阁月城，曾为"一镇之锁钥"，清同治间，太平军在此附近击毙法军提督卜罗德。镇南原有清乾隆年间建造的一邱园，俗称南园，园内有留云塔等"南园十景"。抗战胜利后，园林荒废。如今，邱园内尚存明代种植的古银杏树一株。南石桥是单孔石拱桥，位于南街，跨横泾港，建于元至正

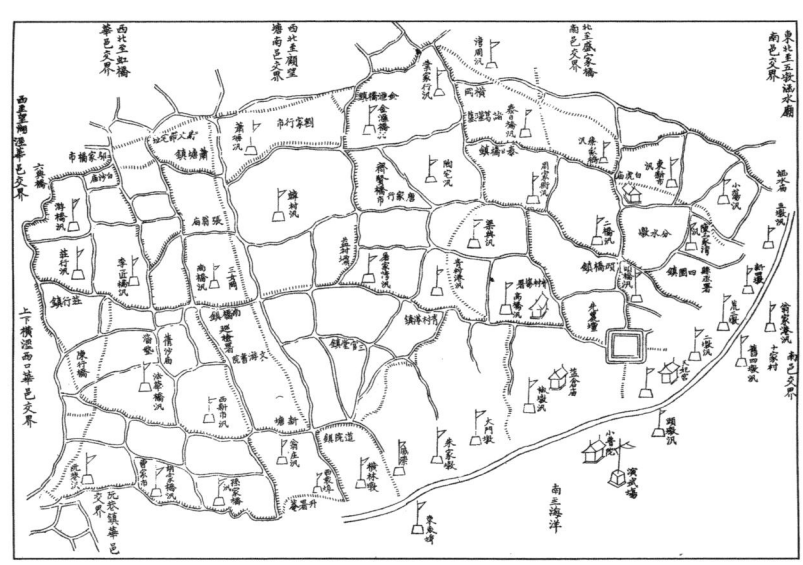

奉贤县全境示意图

十年（1350年），桥身完整无损……南桥还有很多的历史遗存，它们赋予了南桥丰富的历史文化内涵。

南桥有扎实的经济基础。近年来，南桥镇经济指标跃上新高度。此外，南桥拥有优质的生态资源和大气环境与出众的城市安全指数和公共文明指数。南桥的乡村宜居宜业，沈陆村、杨王村是市级乡村振兴示范村，江海村、六墩村、华严村是市级美丽乡村示范村，其中沈陆村还被评为全国最美村镇红色文旅目的地。近年来，上海重点发展郊区，重中之重就是奉贤新城。作为奉贤区的城市化中心，南桥镇是奉贤新城开发建设的核心区。随着金海路越江隧道的通车，轻轨五号线、快速公交系统等重大交通设施的建成，南桥的发展优势更加凸显。

南桥有着优质的公共文化服务。南桥镇不仅是上海首座国家卫生镇，而且是全国文明镇、全国群众文化先进社区。南桥镇城区建设日新月异，居住环境优美，生活设施齐全，服务功能完善，相继建成解放、古华、贝港、育秀、曙光、阳光、正阳等大型现代居住小区，以解放路、江海路为轴心的景观道路上商店林立，霓虹闪烁。南桥镇教育网络日臻完善，形成由普通教育、学前教育、职业教育、成人教育、特殊教育构成的教育体系，拥有各级各类高标准、现代化学校34所，学习型社会初见端倪。南桥镇文化生活设施建设整体提升，会议中心、体育中心、图书馆、博物馆等文体设施一应俱全，明珠广场、文化广场、江海广场、古华园、望春园等休闲设施，既为居民提供了休闲、娱乐的好去处，也为镇区增添了浓郁的文化氛围。二级甲等医

走进奉贤

南桥镇

院和大润发、乐购、易初莲花、苏宁、永乐、国美等大型配售中心以及银行、邮政、电信等服务设施齐全。五星级酒店悦华大酒店与古华山庄、圣淘沙大酒店等星级酒店交相辉映，形成了南桥餐饮娱乐的繁荣景象。

  近年来，南桥成为奉贤新城建设发展的核心承载区。在新城建设的契机下，南桥充分发挥独特的区位优势，致力于跨界、破圈、超越，用无边界的理念，乘势而上，起而行之，让我们在感受江南水乡的灵秀韵味的同时，也看到了未来新时代幸福生活的美好图景，一座活力无限、充满烟火气的城市正在跃然而出。

"水上长城"奉贤古石塘

海塘在历史上的作用,不仅仅是保护沿海土地不被海潮冲坍和防止内地农田遭受咸潮淹没,还有抗击倭寇、保卫家园。但关于奉贤的海塘,人们在很长一段时间内只是在历代方志中看到过文字记载,无缘见其真容。直到1996年5月,人们在对奉柘公路实施降坡拓宽工程时,发现了沉睡地下260余年的奉贤华亭海塘。因奉贤当时属于华亭县东塘范围,所以这座海塘过去也叫华亭东石塘。民间还流传着:"北有古长城,南有华亭东石塘。"当地人也把这条海塘称为"上海小长城"。

自奉贤区柘林、江海至闵行区马桥一线为古冈身地带,成陆于三四千年以前。宋代筑有护塘。元大德五年(1301年),护塘海西段在大潮灾中被毁坏。明中后期,海岸自东向西坍进。今漴缺村附近海岸受到冲蚀,大片土地沦入海中,自柘林至漕泾形成一个凹进的缺口,其顶端即漴缺。明崇祯七年(1634年),在松江知府方岳贡领导下,乡贤吴嘉允负责修筑漴缺石塘。这是江南海塘史上首次石工,拉开了明清江南海塘修筑史的大幕。因时局动荡,人们在当时只修了三百丈石塘。之后,石塘在清顺治七年(1650年)、十年(1653年)、康熙六年(1667年)皆有整修。

雍正二年（1724年）七月十八日，因台风、暴雨、怒潮，康熙土塘坍卸入海，沿海民庐漂没无算，田禾俱淹。雍正帝命文华殿大学士、吏部尚书朱轼查勘浙江及松江塘工并谕："朕思海塘关系民生，务要工程坚固，一劳永逸，不可吝惜钱粮。江南海塘亦为紧要。"雍正三年（1725年），朝廷下令内移塘基，开始建造石质海塘，华亭海塘工程正式开始。其中，朱轼设计并建造了鱼鳞石塘。鱼鳞石塘是一种非常独特、合理的构筑物：它由呈"T"字形叠砌的长方形条石组成，侧面看去层层排列如同鱼鲜。石块之间采用铁榫、铁销连接，石缝之间被灌以糯米浆，顶部有防止石块松脱的铁键扣锁。此次修建西起漤缺，经朱家、冯桥、营房、夹路各村，至华家角与里护塘相接，全长约8.6千米。

到了雍正五年（1727年），雍正帝想到"波涛日夜冲啮，土石连接处历久不坚"，便派巡抚陈时夏前去查勘，还亲自下诏将华亭海塘全线改为石塘并委任太仆寺卿余兆岳主管海塘工程。余兆岳在技术上做了改进，采用铁榫、铁销把条石连成一体，使其异常牢固。塘身用料为青石和花岗石，顶层均铺花岗石，工程直到雍正十三年（1735年）才竣工。

自古奉贤就有"海滨广厅，盐田相望"之说，随着华亭石塘的修筑，附近海潮平息，盐业在此兴起。久而久之，石塘南侧聚居着以盐渔业为主的移民，北侧则生活着以农业为主的住民。于是，石塘自建成后300余年来，成为一道文化地理的边界，反映了农耕文明与海洋文明在此的区隔与融合，共同构成了海塘的独特文化形态。后来在

华亭东石塘

1932年和1991年的沪杭公路、奉柘公路修筑中，华亭海塘成为路基。

1996年发现的奉贤华亭海塘是雍正二年所修海塘的一部分。该段海塘地表段长3.9千米、底宽2.4～3米、顶层宽1.4～1.5米，地下基础深1米（不包括梅花型木桩）。筑塘所使用的石材的基本尺寸为1.4米长、0.45～0.53米宽、0.26米厚，材质为青石或花岗石，内外包砌，油灰嵌缝，外层条石全都用银锭形、长方形铁销连接，上下左右凿孔穿合，中间填块石，顶铺压一层条石。塘身嵌有"清雍正二年"纪年刻石，地面暴露部分所见砌层不一，多至11层，高约4米。由于修筑纵向公路和居民出行需要，露出的海塘已开口数处，全长3937.4米。南立面共计有碑刻10处，记载海塘施工中的编号、分段、监察者、承筑者、日期等，另有数碑为赞颂吉语碑，镶嵌着"屹若金汤""万世永赖""河口界碑""长庆安澜""海晏河清"和"保护桑田"等碑文，其中尤以"海国长城"石刻最为醒目。

2002年4月27日，奉贤华亭海塘被公布为上海市文物保护单位。2019年10月，"华亭海塘奉贤段"被国务院评为全国重点文物保护单位。

海洋文化是上海历史文化重要主线之一，而古海塘是奉贤形成已久的海洋文化的最好证明。海塘在"人海争地"过程中也潜移默化地影响着当地百姓的生活状态和文化方式。比如国家级非物质文化遗产"奉贤滚灯"就可能是由当年护塘修复工艺衍生而来的。传说当年筑皇祐里护塘时，海盐至奉贤段的土塘几次被潮水冲塌。有一位中年竹匠想了一个主意，用毛竹片编织了一个椭圆形的大框来装石块，再抛入被冲塌的土塘外侧，成功堵住了决口。剩下的大竹筐被堆在海塘的工地上，喜欢玩耍的青年人每到休息时间就把玩这个大竹筐。"滚灯"的雏形就这样诞生了。

奉贤华亭海塘区域是弘扬古海塘文化、普及历史文化知识、激发奉贤地区文化认同的重要场所。其所承载的历史文化价值，还需要我们深入挖掘。

奉贤滚灯

明城墙上的万佛阁

在奉贤的城市尽头，伫立着一座古庵，向南望向城镇，向北依偎明代古城墙，临水而立，有碧树相拥。寻常日子，此地暮鼓晨钟、梵音绕耳，时间缓缓流淌了六百余年；每逢春节，这里香火缭绕、人山人海，佛像注视着一代又一代奉贤人的世间愿望。这座古庵就是万佛阁，因供奉有万尊释迦牟尼佛像而得名，是上海具有较大规模的比丘尼道场。

万佛阁始建于明初，位于奉贤奉城镇北街，现存殿宇多为清代所建。明洪武十九年（1386年），为防海上倭寇入侵，信国公、大将军汤和督筑奉城城墙，扩建奉贤县城。城墙周围长六里，高二丈五尺，设有朝阳、镇海、阜成、拱辰四门，将原来的万佛阁围于拱辰门的月城内。后来城墙尽废，万佛阁犹存，拱辰门月城一段残垣的城墙也因万佛阁而保留了下来。

清乾隆二十二年（1757年），因殿宇年久失修，"将有倾压之虞"，住持尼永修率领弟子德静重修大殿、万年台、后法堂楼阁，而两人却在施工过程中相继去世。于是，住持尼意真与弟子邃山继续整修，直至乾隆四十一年（1776年）竣工。清光绪《奉贤县志》记载，当时万佛阁"堂殿楼阁，窈窕玲珑，泉石柏筠，幽奇芬润。戍楼屏其前，沃

万佛阁古城墙

壤拥其后，当水陆通衢。晨钟暮鼓，为大地一蒲团也"。如今，万佛阁山门东墙上保存有李大源的《修建万佛阁碑记》，详细记载了乾隆年间的这次修葺过程。

1917年，住持比丘尼福缘重启募资并耗资万金，历时两年，建造房屋30余间，扩建大殿3楹和东西禅室各2楹，增建弥勒殿和地藏殿，使庙内四廊相接、堂殿相通。此次重修后，奉城人王渭谨撰写了《重建万佛阁碑记》，保存在山门西墙上。万佛阁依城傍水，布局奇巧。建造在古城墙上的后法堂楼阁别具一格，而大殿的钳状套色梁木结构镶接缜密，浑然一体，堪称一绝，为其他寺庙所罕见。

"文化大革命"期间，万佛阁的宗教活动被迫停止。1989年6月，县政府批准万佛阁重新开放，由新量法师负责重修万佛阁。新量法师当时已年届70，却毅然挑起重振道场的重任。在县政府帮助下，她与住在庙内的28户居民重修山门、弥勒殿、大殿、观音殿、功德堂。

1998年10月，随着万佛阁重修奠基典礼的举行，修建工程再次开始。2000年，为配合万佛阁大殿改建工程，古城墙向北平移了40余米，同时在城台上恢复望楼，新量法师重题"拱辰门"门额，使奉贤区内唯一的一段古城墙又展现出往日的风姿。古城墙遗址在1997年公布为县（现为区）级文物保护单位。在新量及性康等尼众操持下，修建工程在2001年秋全面完成，钟楼、鼓楼、万佛楼拔地而起。

万佛阁从建成之日起的数百年来一直与奉贤的命运连在一起。在奉贤这块宝地，万佛阁依旧庄严恢宏，佛音悠长，抚慰着每一个人，与我们一起见证着奉贤的兴衰变迁。

从文游书院到南桥小学

想知道一座百年书院是怎样华丽变身为现代小学的吗？我们得从创办于清嘉庆九年（1804年）的文游书院讲起。

清朝嘉庆九年，时任奉贤县知县的艾荣松（四川内江人）率奉贤乡绅陈廷薄、陈廷庆兄弟和韩楠、陈俊等捐款集资创建文游书院，院址在南桥镇南街的尽头。陈文畴捐田100亩，聘请山长（书院院长）。江苏巡抚汪志伊为书院的厅堂题名"道南"。嘉庆十七年（1812年），知县徐芳瑞为了征收漕款，让书院变卖田产以缴清欠款，导致书院暂停授课。道光元年（1821年），知县叶申蔼在入职的第二年便把文游书院重新办起来。之后，陈哲渊捐田100余亩以充实书院经费，使得那时的书院有田地307亩。咸丰十一年（1861年）冬，书院的半数房屋毁于太平天国运动。光绪三年（1877年），知县韩佩金倡捐，诏令宋云阶、陈济昌、曹宗鼐、范迪光等募捐重修。

鸦片战争后，伴随着"西学东渐"的开展，书院开始教育改革。在文游书院建成100年之际，即光绪三十年（1904年），开明乡绅朱家驹把传统私塾式书院改为新式学堂，文游书院因而改称文游学堂。他出任第一任校长并将"敬、慎、勤"三字定为校训。1914年，文游学堂又改名为奉贤县立第二高等小学，即如今的奉贤老人们口中的

朱家驹（1857—1942）

"二高"。1928 年，"二高"被正式命名为南桥小学，是如今奉贤县办学历史最久的学校（今校址位于南中路 137 号）。1936 年，在南桥女校西侧，即现南桥小学一号楼原址，又建立了一栋有 12 个教室的楼房。校舍落成后，南桥小学、求吾初级小学和养正初级小学一同被并入南桥女校，合为南桥小学。

抗日战争时期，南桥小学校舍被日军侵占。1938 年，汪伪政府在位于南桥北街天主堂的耀蝉小学内开办学校，定名为南桥模范小学。1945 年，抗战胜利后，南桥模范小学改称南桥镇中心国民学校，学生仍暂借耀蝉小学校舍上课。第二年，当地的热心人士组织修建校舍，二月校舍修复，南桥小学迁回原校址并在北街的万佛阁设立分校。当时有15个班级，学生725人（其中寄宿生84人），教职工25人。

奉贤解放后，南桥小学由人民政府接管，改名为南桥中心小学。1952年，南桥中心小学接收耀蝉小学作为分校。学校在1953年被定为奉贤县重点小学，在1959年被定为上海市重点小学。

党的十一届三中全会以后，学校教育质量不断提高，逐渐成为以艺术教育为特色的现代小学，1992年被定为"全国现代小学教育的实验基地"。2013年，学校在南桥新城中心区域又承办了一所分校——恒贤校区，形成了一校两区的办学规模。今天的南桥小学正不断向着教育现代化的目标迈进。

漫步这所有着两百年历史的老校，你会感受到"圣道南行""敬奉贤人"的厚重底蕴，感受到"文道统一，德才见长"的教育特色；也会看到国家兴衰与教育变革的历史痕迹，看到奉贤乡土教育事业的发展与对一代代人才的无私浇灌。这一切既凝结成这所小学校的厚重底色，也孕育了每一个奉贤人的文化基因。

南桥小学

沈家花园的百年沧桑

沈梦莲（1874—1940）

奉贤唯一完整留存至今的百年老园林是沈家花园，它是海派花园住宅的一个代表作，有着重要的历史地位及人文价值。2004年，沈家花园被列入区级文物保护单位，2014年6月，升级为市级文物保护单位。别看它身上这么多光环，但你如果去问奉贤的老人们"沈家花园在哪？"，他可能会摇摇头，但你若问"大院子在哪里啊？"，他不但会准确地给你指路，有可能还会附赠一段野史见闻。那么，沈家花园是怎么从"花园洋房"变成"大院子"的呢？

沈家花园建于20世纪20年代，是时任江苏省水上警察厅厅长沈梦莲的私家别墅。园主沈梦莲（1874—1940），字葆义，南桥镇东庙泾人，是浦东同乡会的重要人物，曾任浦东同乡会常务理事。沈家花园是沈梦莲的私家别墅。自幼丧母寄居舅父家的沈梦莲，最初以摇船为业。当时安徽巢湖帮盐贩横行奉贤县境，他被上海兵备道委任为清军浙西盐捕营总缉官，因缉查有功，名声大噪，后又从法租界探长升至江苏省毒品查缉所所长。辛亥革命时，沈梦莲兼管盐捕前营水陆各军，后被委任为保安营统领。他在1925年任孙传芳部联军水路总司令和江苏水上警察厅厅长，1927年任江苏水警厅厅长，1928年任奉贤县公安队筹备主任，1933年任江苏省毒品查缉所所长。1934年，沈梦莲因中风而半身不遂，静养于闵行育幼院。1942年，育幼院被日军炸毁，他前往上海养病并在同年病故。

沈家花园是他功成名就后建造的寓所。花园北傍南桥塘，西近沪杭公路，位于南桥镇解放中路502号，占地面积24.24亩。园内建有造工考究的西式四层主楼一幢，上为居住用房，下为舞宴大厅，三楼两侧均有阳台、亭子，另有荷花池、观荷亭、花房、祠堂等。建园时，园内植有不少花草树木，保留至今的尚有素心蜡梅、金桂、广玉兰、柏树等。目前，园内栽有雪松、樟木、五针松、龙爪槐、红枫、白玉兰等树木30余种，牡丹、芍药、月季、山茶、杜鹃、白玉兰等花卉60余种。

抗日战争期间，在日军炮火的狂轰滥炸之下，沈家花园未能幸免。部分房屋被日机炸毁，主楼顶层也被国民党忠救军所焚。从1937年开始，该园先后作为国民党县政府、日本侵略军司令部及袁浦盐场公署的办公地点。1956年，奉贤县党政机关迁入办公，后在园内陆续兴建档案馆、办公楼、食堂、车库等多幢建筑房屋，于是沈家花园就被奉贤人叫做"大院子"。

2018年，奉贤区启动"南桥源"城市更新改造项目，遵循"修旧如旧"的原则，对沈家花园进行整体修缮，尤其在建筑结构、色彩等方面最大程度还原了建筑原貌。经历百年风雨洗礼的沈家花园至今保存完整，反映了奉贤区及上海地域建筑的历史文化特点，不仅是奉贤地区的重要地标建筑，更是百年历史的见证人。

沈家花园旧貌

沈家花园当代面貌

古华园中的奉贤历史

古时奉贤隶属松江府华亭县，今人取其意，建造了一座既仿明清江南园林又具有现代气息的新园林——古华园。古华公园古色古香，清雅宜人，与嘉定古漪园、南汇古钟园和金山古松园共称为"沪郊四古园"。当地政府通过各种手法记录奉贤地区那些远古的故事和传说，让渐行渐远的文化留在这座仿古园林的深处。

古华公园建于1984年，位于奉贤区南桥镇解放南路220号，当时占地72亩，由著名建筑学家陈从周集江南园林之精华设计而成，是奉贤历史上首座公园。1985年10月1日，古华公园正式对外开放。1997至1999年，古华公园向东扩建，新建秋水桥等石拱桥5座、亭子5座、曲廊2道、长廊和水榭各1处。2005年，按照星级公园标准改造公园西区。改造完成后，公园陆地面积7.89公顷，水域面积2.22公顷，建筑总面积6700平方米。2005年3月，古华公园免费开放，年底被评为四星级公园。2008年初，又被评为五星级公园。

古华公园这一路不停地发展，变得越来越好。这说明古华公园无论是建设上还是民众满意度上，这些年都在不断地提升。下面让我们一起来看看公园里有什么不可错过的佳景。

首先，你一定要领略"园中园"的魅力，这可是独此一家。奉贤从宋代开始就有建园之风，到明清时期，造园之风更为兴盛，有名可考的名园胜迹有20余处。1983年在规划建造公园时，设计者听取奉贤各界人士的意见，将已经消失在奉贤历史上的名园作为蓝本参照，择其部分精华，在古华园内仿建，沿袭园名，传其精髓。

一是兴园。历史上的兴园在奉贤县邬桥乡叶家村，清乾隆年间由岁贡生顾绂所建，占地20余亩。园名中的"兴"字取自唐代楼颖的诗句"惬心乃成兴"。园中有秋水廊、读易草堂、小孤山、赠春亭、五老峰等20余处景点。五老峰的5块立石上镌有明代孙雪居题写的隶书。现公园内的兴园即照此仿建，虽然占地只有3亩，但兴园的部分景点却得以再现。

二是秋水园。奉贤历史上的秋水园在今庄行镇境内，为清代张绣仪、张彬仪两兄弟所建，园名中的"秋水"二字取自《南华经》中的《秋水》篇。园内景点颇多，皆错落有致。时任知府龚嵘受邀造访后，写了一篇记称赞道："观其布奇设景，一水一石一草一木，无不引人入胜。"现公园内的秋水园即据此而修建，其位于公园西湖的湖心岛上，四面环水，南北有南塘第一桥、接秀桥、香花桥等，园内建有伴月亭、超然堂、听流亭、涵碧轩四座亭子，亭子之间由回廊环联，幽静雅致。其中超然亭内匾额上的"超然堂"三字为著名古园林专家陈从周先生墨宝，更为秋水园倍添情趣。

还有2004年公园东区改造时新辟建的晚晴园。它占地约7亩，位处公园东湖北端，为封闭式的庭院。园内构筑阅耕楼、菊石楼、饮香亭的创意源自奉贤的一邱园、野园、后圃等名园，集聚了奉贤历代

千年文脉 传承地

俯瞰古华公园

园林之精华。半株名贵的对节白蜡与半株石榴合抱，相依相偎，连理共生，象征着旧园与新园合二为一的勃勃生机。奉贤历史园林艺术之精妙、文化之底蕴得以充分传承和再现。

当你畅游园内各景时，脚下的桥独成一景，一定会让你驻足。古华园有福寿桥、香花桥、余庆桥、环秀桥、聚秀桥、萃秀桥、接秀桥、启秀桥、小云台桥、继芳桥和南塘第一桥等22座石桥。这些桥均用花岗岩、青石或银灰石构筑而成，大小不一，造型各异：有拱形的，像彩虹飞架；有平卧的，如长笛横吹；还有三曲和多曲的。最令人称奇的是，这些桥无一不有来历，无一不有典故，你会在清光绪《重修奉贤县志》上看到它们的前世今生。虽难以领略它们昔时的真实风韵，但我们依然能感受到历史的沧桑。以下就来说说几个桥的故事。

继芳桥，俗称糖桥，位于光明镇东街金汇港上，由一位邹姓人建于明万历戊寅年（1578年）秋。继芳桥"三环石洞，为本邑桥梁之冠"。相传邹某是一位贫苦的换糖人，为营生每日往返金汇港，深知出行的艰难，发誓倘有发迹之日，定在此建桥以方便乡里。果然，等日后发了大财，他不食前言，建了这座继芳桥。换糖人的义举日后广为流传，人们因此将此桥亲切地称为糖桥，以怀念换糖人的功德。

双亭桥，又称同心桥。据传，此桥建在齐贤中行的潭港河上。明代时，毗邻中行的北行出了个文状元，南行出了个武状元。两人在走访亲友时，每每在此桥相遇就相互炫耀排场。文状元说武状元一介武夫、胸无点墨；武状元笑文状元只会摇笔杆子、耍嘴皮子，双方就在此桥上作文章来斗气。事情越闹越大，传到京城皇上的耳朵里。皇上因此动怒并御批诫示。二人这才悔悟，从此同心协力报效朝廷。后来，当地百姓就将此桥称为同心桥。

南塘第一桥，初名乐善桥，是一座木桥，位于南桥镇东街的南桥塘上，清乾隆元年（1736年）由蒋载远募建。嘉庆四年（1799年），在戴鸿、汝兆麟等倡议下，该桥改建为石桥并改为今名。同治元年（1862年），南塘第一桥毁于太平军战火。同治六年（1867年），由陈泰彤兄弟、吴文豹等捐资重建。随着奉贤东西第一干河的南桥塘因淤塞而被废弃，南塘第一桥虽存，但已丧失功能。为使这一文物不致湮灭人间，有关部门在1984年把其迁到古华园。桥身全长25.8米，面宽3米，桥拱直径7.6米，南北各有14级石阶，为区级文物保护单位。

听完桥的故事，如果你还想寻找历史的蛛丝马迹，那定要去三女冈了，因为那儿有一个更古老的传说。景区占地不广，西南麓筑有三女祠，行走其间，自有一派山林野趣、悠远意境。相传，春秋吴越争霸时，吴王夫差被越王勾践打败，仓皇逃命到南桥镇北二里许之地（今沪杭支路4号，上海通惠—开利公司内）。眼看追兵将至，为避免带出的三位公主被俘受辱，他无奈狠心将她们活葬于此。后人痛惋三位公主的悲惨命运，在此修三女祠，此处也被唤作三女冈。历代文人墨客寻古凭吊，无不为之唏嘘。王安石有诗云："自古世上雄，慷慨擅功名。当时岂有力，能使死者生。三女共一丘，此憾亦难平。"留下诗篇的还有宋代的唐询、梅圣俞、许尚和明清的屠隆、周茂源等。

南塘第一桥

三女冈名声日隆,成为奉贤名胜之一。

古华园内还有为纪念"吴中草圣"张弼而建的东海亭。张弼(1425—1487),字汝弼,明代华亭陶宅(今奉贤区青村镇陶宅村)人。成化二年(1466年)进士,历任兵部主事、兵部员外郎、南安(今江西大庾)太守等职。他为官清正廉洁,明成化十七年(1481年),他自南安任上告老还乡,随身携带一块"廉石",成为千古美谈。因张弼晚年自号东海翁,故此亭名东海亭。题额由奉贤当代名人、著名书法家沈杰手书。

古华园既有传承历史的仿古建筑,也有民间艺术。在河东段的亲水平台中央,耸立一座大型艺术雕塑——滚灯飞舞。"滚灯"是奉贤

三女祠

地区独具特色的民间艺术,相传始于清代六里墩附近的农民为欢迎太平军的到来而创造的"跳滚灯"的赛灯艺术。后来,"跳滚灯"流行到整个奉贤地区,迄今有140余年历史,2007年成为"上海市第一批非物质文化遗产"。

  古华园的园多、桥多、文物多,自然故事也多。虽然我们难以领略它们昔时的真实风韵,但相信只要知晓它们背后的故事,细细品味,在移步换景中便会深深感受到历史的沧桑。

见贤思齐　贤者地

名医辈出的"御医世家"
清初"太常三绝"高层云
萧宝山革弊鼎丰酱园
为革命牺牲的奉贤第一人
潜伏在曙光中学的革命者

名医辈出的"御医世家"

奉贤自古名医、良医辈出,历代奉贤地方志中记载了内、外、妇、幼、伤、眼及针灸等各科均有妙手。元代有徐复和何天祥,明代徐枢、徐彪、姚蒙、何澄、何严等9人,清代更多,有何汝阖、顾昌洛、徐征、徐光瑞等49人。中医讲传承,《礼记》记载道:"医不三世,不服其药。"在奉贤世代负有盛名的医术世家是南桥徐氏和庄行何氏,其中明代徐枢、徐彪、何澄、何严、何全等先后入宫廷任御医,因此,徐氏和何氏也被称为"御医世家"。

"济世救人,医泽绵长":南桥徐氏医家

在奉贤有一条弄堂,叫王家弄(今人民中路与解放中路交叉的东段路面)。在弄口曾经设有南桥育婴堂,而这个育婴堂的堂址,就是曾经徐氏医术世家老宅的所在地,几代名医就是从这里走出来的。

徐氏医术世家的先祖是魏晋南北朝时期的徐熙。魏晋南北朝是中医学全面发展的时期,出现了许多世代相传的名医,有学者称"南北朝时门阀中的世医,以'东海徐氏'最为贵盛,对中国医学的发展有很大的影响"。徐熙是东莞姑幕(今山东诸城)人,相传他在秦望山

（今江苏江阴市西南）隐居时，曾遇到一位道士。道士向徐熙要水喝，喝完后留给他一个葫芦并告诉他："你的子孙当以道术来拯救世人，将会官居两千石。"徐熙打开葫芦，里面有《扁鹊镜经》一卷。于是，他精心研习后，医术名震海内，官至濮阳郡太守。自徐熙始，徐氏医学开始历代传承。

元末，徐熙的后代徐复在奉贤南桥承继徐熙医学事业并发扬光大。徐复，字可豫，晚年号神翁，对《灵枢》《素问》诸医典最为精熟，在海盐做过医学教授，是元代著名医学家。史书记载，他治病时先审南北、察强弱、辨缓急，而后投药，百不失一。元末明初的著名学者杨维桢长期患慢性腹泻，茶饭不思，许多名医对此病都束手无策，而徐复给杨维桢开了一剂药方，7天过后他就痊愈了，杨维桢还专门写诗记载此事。

徐复的儿子徐枢，字叔供，从小跟父亲学医，还曾向杨维桢学诗。明洪武末年，被推荐为秦府良医正（明代职掌王府医务的官员），后来被召为太医院的御医，接着又被任命为院使。徐复的医术深受明宣宗朱瞻基赏识，有一次徐枢回家省亲，皇上"亲自赋诗送之"。徐枢不仅医术精湛，而且也有出色的文学修养，著有《足庵诗集》。

徐枢的儿子徐彪，字文蔚，幼时跟随父亲入秦府。明正统十年（1445年），入太医院任职，3年后又被推荐为御医，又过了3年，被升为院判。徐彪经常随侍皇帝左右，有一次明景帝朱祁钰问徐彪"药性速迟"的问题，徐彪回答说："药性就像人性，好的药效能够长久发挥作用，差的药效维持一天都难。"他还告诉景帝养生应该重视

"固元气",他的用意是以医劝谏景帝切勿沉迷享乐。徐枢的医著有《本草证治辨明》十卷、《咳嗽条》和《伤寒纂例》各一卷。

至清代,徐氏医术传至徐枢的后代徐征。徐征,字桂庵,行谊高雅,秉承先祖徐枢的医术,以其高明的医术闻名于江浙一带,每日慕名而登门求医的人络绎不绝。

"不为良相,便为良医":庄行何氏医家

何氏医术世家的第一代是南宋绍兴年间的何栻、何彦猷兄弟。何栻官拜史部侍郎,何彦猷为大理寺丞,均因力陈岳飞冤情而被秦桧陷害,他们兄弟二人不愿枉法屈从,便弃官而去,在镇江开始了从医生涯。他们的后代就在镇江繁衍定居三百年之久,其中一部分迁到奉贤庄行镇。

赵朴初为《何氏八百年医学》一书题字

元代时,在奉贤庄行镇出现了一位名医何天祥。何天祥,字克善,为镇江名医何彦猷第七世传人。他曾做过医学教谕,许多疑难杂症都被他神奇地治好了。郡守授予"世济"匾额,是"世济堂何氏"名称的由来。

至明代有何澄,字澄之,是何天祥的重孙,医术精湛。当时太子得疾,太医都束手无策。于是朝廷发布诏书向全社会征集良医,何澄应诏赴京,治好了太子的病,皇帝赐他为震府良医正,拿正二品的俸

禄并得到了 3000 贯赏钱。

何严，字公谨，是何天祥的曾孙。他为人谦逊有礼，博学多才，擅长诗文，为明宣德己酉年（1429年）的副贡生。他治病如神，进士李萱存曾称"公谨治寒方脉，声震湖海，士林仰之。"宣德甲寅年（1434年），由于医术高超被征召入太医院，然而不久病故，年仅45岁。

虽然何严早逝，但其子何全继承了他的医术，尤其是对伤寒病的诊治，时人称"今日伤寒首推何氏"。何全，字廷用，号翠谷，明正统丁卯年（1447年）中举人，景泰五年（1454年）中进士。董其昌、孙承恩、陈继儒、张橘等著名文人赠言、赠画，称赞何全的医术医德。其中张橘为感谢他治好了家人的顽疾，赠予何全《丹杏图》，称其"施方伤寒，投无不中"，是为"国医"。后来何全应召入京，特授御医掌院正使。因其医术高明、功绩卓著，御赐金铸神农、黄帝像，敕建"俊士坊"。何全年老南归时，朝廷还赠送御制诗文："高风仁术，一世景慕。"

何銮，字廷音，何全重侄孙，为诸生，尤其精通太素脉（不仅可以诊病，还可以预知吉凶）。据《奉贤县志》记载，龙华张宪副让一个年轻的僧人男扮女装并在手腕上戴着金钏，隔着幕布让何銮把脉，以此来考验何銮对太素脉到底有怎样的掌握程度。何銮诊脉后说："此人脉相清如水珠，应当是出家的孤儿，不是你府上的人。"张宪副听后惊叹何銮先生是神人。又有一次何銮给督学冯侍御看病，通过脉相得知他是其父亲暮年所生，并很快查出病因。

何銮第四代孙何如鲁，字希曾，也善于察脉。有一孝廉名张省廉，身有宿疾，应诏北上就职，临行前请何如鲁看病。何如鲁察脉得知他的老毛病近期就要发作，一旦发作就无法治愈，于是委婉地对他说："就职的时间还早，不如稍等一段时间。"张省廉没有听从，出行不远就疾病复发，他急忙返回，途中发病不治而死。

何天祥七世孙何十冀，字承云，曾任明朝景、楚二府的良医正。明隆庆四年（1570年）回到家乡。由于他医术精湛，大家都倚靠他，称他是"司命神"，还有许多人向他馈赠财物，而他却把所有的钱都分给了贫困的百姓。

清代有何天祥十世孙何汝阆，字宗台，秉承治疗伤寒家传经验，参合己验，撰著《伤寒篡要》。他为人诚实厚道，医术高超，救活的病人数以万计。有一位名叫汤斌的巡抚在请大夫看病时极为谨慎，给他看病的大夫必须是人品端正的医生。认识何汝阆后，汤斌叹道："此医中君子也！"后来，他还亲题"德高望重"四个字赠予何汝阆。何汝阆心系百姓，在为巡抚汤斌治病时，正值当地的海塘失修，百姓的生命财产受到威胁，他趁机进言，告诉汤斌，宜用石工修筑堤坝。汤斌听从照办，拨款维修海塘，保障了地方民众的平安。何汝阆去世后，入祀乡贤祠。

何汝阆之孙何炫，字令昭，号自宗。他天资聪颖，读书过目不忘，清康熙三十年（1691年）贡生。他继承祖业为医，尤其对虚劳之证颇有心得，创立了一套比较完整的症因脉治理论体系，是何氏世医第十九世传人。他一心想服务社会，不求闻达，在乡里设义塾、办育婴堂。其现存医著有《何氏虚劳心传》《何嗣宗医案》，另著有的《伤

何炫所著的《何氏虚劳心传》

寒本义》《金匮本义》《保产全书》已佚失。其子何鸿堂、何王模皆承祖业，为当时名医。

在漫长的历史岁月中，奉贤涌现出了许多杰出的医家。他们有着谦和淳朴、博闻多识的深厚学风，有着崇尚医学、普济苍生的传世家风，在朝忠君爱民，在乡惠泽桑梓，医德医风代代相传，不仅影响了奉贤传统医学的发展，使得明清奉贤医家骤增，而且影响了周边地区的医学发展，推进了明清江南地域医学的兴盛与传播。

清初"太常三绝"高层云

诗书画,他冠绝于世,视考取功名如探囊取物;做官,他直言敢谏,果敢勇绝,累累升迁;为友,他交游南北,散尽千金,家徒四壁。这样一位才华超众、恣意潇洒的江南才子,就是明末清初从奉贤走出的"太常三绝"高层云。

高层云(1633—1689),字谡苑,号菰村。祖上世代居住在西渡竹冈里(今奉贤南桥镇鸿宝村)。他的爷爷是明代翰林院检讨(掌修国史官员)高乘祚。到了清代,他的父母相继离世,家贫日困。他自小枕籍经史,醉心诗文,不关心科举之事。但生活的窘迫让他无奈离家赴京,谋求生路。他诗才雄富,性情豪爽,在京师交游很广,经常与来自嘉兴的朱彝尊、李良年在京师梅园撰写联句诗。当时这二人已有善于作诗的名声,而高层云写的诗句竟在二人之上,从此名声大噪。此外,他的书法、绘画也冠绝一时。后来,朱彝尊还为其画题诗:"太常三绝画书诗,尺幅溪山付虎儿。断楮零纨何处觅,秋风惆怅卷还时。"清人李集在《鹤征录》中称:"先生工诗、工画、工书法,京师称为'太常三绝'。"

高层云在京师时,有一次,康熙帝驾临国子监,高层云作了一篇《临雍赋》,用以记述康熙到辟雍讲学时的盛大场面,士大夫读后无不称赞。之后,他到陕西、四川一带游学。在四川待了两年后,他断定云南、贵州必有动乱,势将波及四川,于是请求回乡。获准后,他沿长江而下,不多日即平安到达华亭故里。等他到家后,吴三桂已经造反,从四川回乡的道路已被阻塞。

康熙十四年(1675年),终日潜心诗文的高层云在家乡无法维持生活,便再次进京,在国子监学习。但他依然对科举之事漠不关心,朋友们都劝他要以学业为重,好好准备应试。高层云朗声说道:"应试科举又有何难,简直易如囊中取物。"他找了一间民房,足不出户,日夜苦读,四五个月后便中了举人,第二年就考中进士,名列二甲第二十名,大家都称他是科举考试的奇才。进士及第的第二年,康熙十七年(1678年),他被任命为大理寺左评事,掌管狱讼复审。康熙二十三年(1678年),他去广西主持乡试。回来后,参与修纂了康熙《大清一统志》。

康熙二十五年(1686年),高层云升任吏科给事中。这可不是简单的七品芝麻官,上至皇帝下至六部尚书,都对这吏、户、礼、兵、刑、工六科给事中要敬重三分,因为他们负责监察六部的执行过程甚至包括圣旨的下发。他升任不久,就发生了一件大事。康熙二十六年(1687年),孝庄文太皇太后驾崩。于是,皇帝诏令诸王与大臣在永康左门外商议丧礼。商议时,大臣们长跪着向诸王说话,而诸王坐着一动不动。其中老臣李之芳年纪最大,长跪后起身时跌了一跤。高层云将一切看在眼里,他说:"这样做不合国体。"当天就此事上"抗疏"(向皇帝上书直言),其中提到:"诸王是天潢贵胄,大臣礼当致敬。但大家集合在一起议论国事时，参与议政的大臣都应依次而坐，这是重君命，尊朝廷。永康左门是禁门重地，太皇太后要下葬，天威咫尺，不是大臣致敬诸王的地方。大学士的职责是辅佐君主，诸王更应以礼相待，像这样傲慢地坐着看大臣跪着说话，哪有这样敬重大臣的道理？"奏疏上呈后，大家都为高层云捏一把汗，好在皇帝采纳了他的谏议并下令："凡议事时大臣见诸王，不得引身长跪，着为令。"

高层云不仅能够做到忠于职守、勇于直谏，更时刻忧国忧民。康熙二十七年（1688年）六月，京师大旱，高层云看到朝廷在江淮地区实施的屯田制侵扰民众生活，上奏请求立刻停止屯田，朝廷采纳了他的建议，民困得以缓解。还有一次，在中俄雅克萨之战时，朝廷准备派两名官员前往尼布楚与沙俄谈判交涉，大家都惴惴不安，唯恐谈判的任务指派到自己头上，只有高层云挺身而出，请命前往，后虽未成行，但官员们都称赞高层云是一位胆壮勇敢之人。任吏科给事中一年后，高层云升任通政司右参议，后又转为左参议，最终任太常寺少卿（正四品官），不久死于任上，享年57岁。他为人注重大节，乐善好施，不问家中有没有余资，有钱就散尽，不留余钱余粮，以致于他死后家徒四壁。

杜甫诗云："荡胸生层云，决眦入归鸟；会当凌绝顶，一览众山小。"高层云的诗以杜甫为宗，实践了杜甫积极奋发、忠君爱国的人生理想。他刚直坦荡，为人、为官、为文，都努力到达顶峰。他的传世诗文不多，现仅存于《改虫斋集》《改虫斋诗略》以及被聂先、曾王孙辑入《百名家词钞》的《改虫斋词》。故宫博物院收藏了他的画

《溪山春早图》

《江村草堂图卷》,画中小桥横卧、溪水蜿蜒、村落散布,人们耕田、捕鱼、放鸭。在这幅乡村画卷中,足见他对故里的思念。《江南通志》云:"层云善书画,得宝藏之。"高层云的故事和这些仅剩的诗画,值得我们后人去挖掘和珍视。

萧宝山革弊鼎丰酱园

有人说腐乳是小菜,登不了大雅之堂,可奉贤的鼎丰酱园让这个小菜成了雅俗共赏、家喻户晓的美味。这个小菜进了京,摇身一变,成了"进京腐乳",又出了国,外国人称之为"中国奶酪"。如今,鼎丰腐乳被列入上海非物质文化遗产名录,鼎丰商标也被评为上海市首批"中华老字号"。这个让人久久萦绕心间忘不掉的老味道,在奉贤南桥已有150多年的历史,在上海酿造行业中历史最为悠久。

鼎丰酱园始创于清同治三年(1864年),由浙江海盐县人萧兰国与任子欣合股在上海县莘庄镇(今闵行区)开办,由任子欣主管制造,专办园务。因为清末战火不断,动荡不定,民众四处逃散,酱园生意冷清,资金短缺,到了几乎要关门歇业的地步。然而他发现奉贤南桥的酱油腐乳生意特别好,特别是鼎和酱园所售的酱油供不应求,门口买酱油的人常常挤在一起。于是,萧兰国在同治五年(1866年)将酱园迁至奉贤县南桥镇东街(现上海鼎丰酿造食品有限公司所在地),任子欣以他事为由撤股,自任经理,主要经营酱油、乳腐和酒。萧兰国不忘任子欣往昔功劳,拟议每年亲自取一定的盈利给任子欣作为报答。不料,他的这个愿望从未实现。第二年,萧兰国去世,他的哥哥萧松云接手经理。为完成父亲的遗愿,萧兰国之子萧维麟与陆醒

鼎丰酱园晒酱场

记等7人签订议据，约定每年从盈利十分中提出四厘（即4%）以酬谢任子欣过去为鼎丰酱园所做出的贡献。该议据直到宣统三年（1911年）才被注销，历时43年。

此外，为了扩充资本、增强市场竞争能力，萧维麟与陆恒源、鲍鼎泰等人合资，签下了鼎丰公记酱坊合同议据，将鼎丰酱园更名为鼎丰公记酱坊（以下简称鼎丰）。但十几年下来，鼎丰非但没有盈利，反而受到鼎和酱园强有力的竞争，销售连年亏损，濒临破产。

这时，出现了一位扭转乾坤、为鼎丰百年发展奠定基础的重要人物，他就是萧宝山。出生于1848年的萧宝山与萧兰国是同族，都是浙江省海盐县人，早年在浙江新陛里从事丝行生意，办事精明，擅长经营理财。他得知萧兰国在奉贤南桥所开酱园的运营难以维系,便从浙江前往奉贤帮忙处理。经过仔细考察后,他发现不是南桥缺少市场,而是酱园盲目生产,不顾产品质量,得不到当地民众的认可。当时南桥人说:"萧鼎丰酱油食而无味,烧酒吃不醉人。"

光绪六年(1880年),他毛遂自荐,出任经理,约定以三年为期,必使鼎丰转还生机。老子说:"治大国如烹小鲜。"如能将这一味小菜做到人间至味,企业自然成功,萧宝山深谙这一道理。他上任后,严格制作工序,不图省时求快,不许粗制滥造,否则违者辞退。经其除弊图强,鼎丰在第一年提高了生产质量,挽回了声誉;第二年打开销路,转亏为盈;第三年挤垮鼎和酱园,扩大了经营。具体来说,鼎丰新生产的酱油的鲜味胜过同行业,乳腐色、香、味均高人一筹,使鼎丰声名鹊起,重建信誉。自此,鼎丰的产品销路大开,酱坊也一改旧貌,厂房和资金倍增,挤垮了同行鼎和酱园,成为南桥独家经营的酱园。三年任期过后,股东一致推荐萧宝山连任经理。

萧宝山连任经理后,经营有方,翻建作坊,购进房产。此后,鼎丰的规模不断扩大,销售网络也日益发达,部分产品开始销往华东、华北地区,尤以"进京乳腐"名扬京津,企业资金成倍增长,企业规模日渐扩大,成为浦南同业之首。

上海人习惯把腐乳叫做乳腐。鼎丰乳腐名气越来越大,围绕着它的传说也多了起来。相传,光绪年间一位京官回奉贤老家接母亲进京,鼎丰的老板精选了一缸上好的乳腐,敬赠给这位京官。话说那老夫人到了京城,任何珍馐佳肴都引不起她的食欲,于是想起了从老家奉贤带来的乳腐。她把盖子一打开，只觉香气扑鼻，夹起一块与饭菜同食，顿觉食欲大开。此后，这位京官常派人回家乡购买鼎丰的乳腐，还分送京城同僚，南桥的鼎丰腐乳因此在京城名声大振。

还有一个传说。有一位奉贤人高中翰林，官至山西学台。回乡探亲时，在临别之际，同僚赠送给他一瓶京城乳腐，到了家一看，发现原来千里迢迢从京城带回来的乳腐竟是家乡的鼎丰乳腐。听到这一消息，鼎丰的老板高兴得连声说："鼎丰乳腐进京了！鼎丰乳腐进京了！"于是，老板精心制作了一块金字招牌，上书"进京乳腐"四个字，高悬店内。至此，"进京腐乳"声名远扬。上海董家渡"鲍鼎泰"缸铺的鲍老板也是鼎丰股东之一。在和天津客商交易时，他将鼎丰乳腐推荐给客人，天津客商品尝后，感觉滋味甚好，就将鼎丰乳腐销往京津。自此，鼎丰打开了京津市场。

光绪二十六年（1900年），萧宝山中风去世，终年53岁。为感念他对鼎丰的功绩，股东们签订字据：今后年终结账只要有盈余，必提一股记在萧宝山名下。他病逝后，经理一职先后由吴春江、萧近方（萧宝山之子）、萧坤如接任。抗战前，鼎丰有酱作、乳腐作、酒作和酿作4个作坊，裕记、瑞记、鼎记、泰记与同泰5个分店和1个专门接洽京、津、沪批发业务的驻沪"申庄"。年产烧酒75吨、土黄酒100吨、酱油500吨、乳腐9000甏（每甏100块装）。经过上百年的发展，如今的上海鼎丰产品畅销上海、江苏、浙江、江西、福建等省市，远销港台地区，出口新加坡、马来西亚、日本、荷兰等27个国家，享誉中外。

"进京腐乳"

"民以食为天,食以味为先。"味在心,商代贤相伊尹称其"精妙微纤,口弗能言,志不能喻",就是说味道这个东西很微妙,说不清道不明,却会在心头久久萦绕。或许这个食物不起眼,但那熟悉的老味道,人走到哪都忘不了,因为这味道联结的是一座城、一个人。鼎丰能在动荡不安的时代洪流中延续至今,是因为一代代奉贤的鼎丰人循着萧宝山注重工艺制作、讲究产品质量的路子,愣是埋头把一小块腐乳做到了极致。作为上海地区唯一一家民族百年品牌,鼎丰这一个老字号,这一口老味道,成了奉贤人的乡愁、中国人的乡愁。

为革命牺牲的奉贤第一人

沈志昂(1906—1928)

在奉贤的土地上,有着很多的红色记忆。在奉贤人中,第一位为共产主义革命牺牲的烈士是沈志昂。

1906年,在奉贤县西二区砂碛乡沈家楼(今南桥镇沈陆村),沈志昂出生了。他又名沈益丰,字驹若。父亲沈达才是清末秀才,创办了砂碛小学,母亲陆云能在家务农。12岁时,父亲为他定了婚约,对方是父亲好友的女儿汤瑾。"五四"运动爆发那年,他14岁,在南桥第二高小上学。受汤瑾哥哥汤爻(第一届全国学联代表,曾参加多次学生运动)影响,他积极投入反帝反封建的爱国运动,被推选为演讲员,还手执小旗,上街进行反帝反封建宣传。1919年秋,他考入上海中华职业学校机械木工系。后来该校停办,他曾一度失学。在家乡,他亲眼目睹了士绅们的吃人礼教并感到深恶痛绝,于是18岁时离家,到江苏省立第四中学(太仓中学)高中部读书。

1925年，上海发生"五卅"惨案。沈志昂在太仓获悉后，带头组织同学罢课，先后成立校学生会和太仓学生联合会，组织学生到上海南京路演讲、抗议，反对帝国主义的罪行。他们白天和英国巡捕进行面对面斗争，晚上露宿街头。他们回到学校后，学校怕他们这些爱国青年再次闹事，校长章行亮借口"经费困难，高三停办"，将其开除学籍，并且暗中将沈志昂等5名为首的学生的操行评为丁等，使其无法到其他学校读书。沈志昂到处奔走，据理力争，到学校抗议，校长不得不将他们的操行改为丙等。此时，由于各校均早已开学，他依旧无学可上。但这并没有打击他的革命热情，他在给妻子的信中说："我现在比以前更激烈了，我预备入党了，用奋斗的精神与反对派争。"他从太仓回到上海，并趁回奉贤探亲之机，携带反帝标语张贴于新寺镇等地。10月，他考入私立上海南方大学附中。

　　次年五卅纪念日，他组织同学到南京路讲演。当时，南京路数以万计的群众高声齐呼"打倒帝国主义"的激愤场景让他深受触动。他在家书中写道："这时无论冷血动物，也要变为热血了。"高中毕业后，他在上海积极举办暑期工人夜校，10月到奉贤县县立第一女子学校和师范学校代课，宣传妇女解放等革命思想。在上海期间，他联系上共产党，由沈雁宾同志介绍加入共产党。该年底，经由组织推荐，他考入中央军事学校政治科，毅然离别妻女，奔赴武昌。

　　1927年5月，军阀夏斗寅发动叛变。他被编入军官教导团第三连，任连长。军队由叶挺率领，与叛军激战七天七夜，最终将其击溃。同年7月1日，他在黄鹤楼拍摄戎装照并在照片背面自题："用自己的枪头向敌人瞄过,在流弹中冲锋过,战斗的余生,留到下次再斗争。"随后乘轮赴九江,准备参加南昌起义,但因部队受到张发奎的阻挠而没有赶上。1927年2月,他与所在第四军军官教导团第三连一起参加广州起义。起义失败后,随部队到达广东省海陆丰地区,被编入海丰工农革命军第四师第一团第四连。1928年,革命军在解放惠来县城时,他的左手被打断,由战友王略扶下战场,送至陆丰县碣石溪农民协会收容所包扎,但因失血过多,不久便牺牲,为革命献出了年仅22岁的宝贵生命。

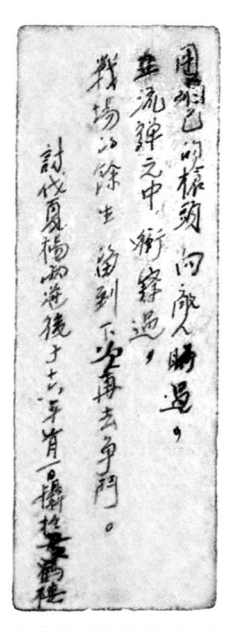

沈志昂戎装照背面诗文

他的妻子汤瑾一直悉心保管了他的 30 余封家书。在这些家书中，他表达了投身革命的愿望："男之投身于革命，非为个人之升官发财，实鉴于人民之受痛苦而谋其解放也，虽牺牲，于心亦愿也！"他痛心疾首于民众的麻木，提到"我们不是吸烟、赌博、喝酒，终日作乐；或死读书，死种田，不知国家的危险"。家书中还有他对妻儿的愧疚，他对妻子说："我很对不起你，使各自凄冷度日。"他对儿子冠群说："冠群之父是为国的，不是为家的。苟其中国亡了，则冠群永远无父了！"更有他对身处环境的怨恨："我们很不幸，生在这个时代，这个环境之中！——是国际帝国主义侵略中国状况之下。"尽管如此，他还是说道："凡是有血性的中国人，哪一个是敢说我不要救中国，情愿做亡国奴？""救国，为人民谋幸福"是支撑他短暂一生的坚定信念，为了这个信念，他早已将生死置之度外。

在他的影响下，汤瑾于 20 世纪 40 年代成为了中共地下党员、南桥地区第一任支部书记，他牺牲时仅三岁的儿子也成为了地下党员。现在，南桥镇政府在沈志昂故居处修建了"忆红居"纪念馆，作为青少年革命传统教育基地。我们以此希望，他的精神得以永远流传。

潜伏在曙光中学的革命者

李主一（1892—1928）

在看似平常的校园里，涌动着革命的暗流。李主一，原名李宪章，1892年生于奉贤县奉城（洪庙镇洪西村）。辛亥革命后，他加入孙中山领导的中国国民党。在第一次国共合作时期从事统战工作，任国民党奉贤县党部执行委员。1925年，李主一在上海同济大学读书期间结识了上海大学学生会执行委员林钧，由林钧介绍他秘密加入了中国共产党，成为奉贤县第一位中共党员。

1926年7月中旬，李主一与刘晓等中共党员一起，在县城南桥开办党化训练班，利用此"合法"身份为掩护，在学员中秘密教育和培养积极分子。听讲者大都是农村小学教员、农村师范毕业生和大学在校学生，共二三百人。为避免反动派捣乱，训练班挂着国民党的招牌，实际上讲解的是社会主义农民运动和世界革命史。

南桥训练班结业后，党组织让李主一到奉城创办私立曙光初级中学，作为党的秘密活动的重要据点。当时，刘晓任国文、英文、历史

曙光中学原貌

课教员,刘德超担任训育主任。学校设三个班级,百余名学生大都是农民或盐民子弟。为了振奋教职工和学生的斗志,李主一、刘晓等嘱托教师王厚生(即方土人)编写校歌,歌词是:"望东方曙光、曙光,一轮鲜红的太阳。照着工房,照着农场,照着红旗飘扬。冲破黑暗,我们建设曙光的天国在地上。我们有铁的纪律和红的热血欢唱,革命青年,团结起来,追求革命曙光。"

同年9月,中共曙光中学特别支部与中共江苏省委接上关系。在《江苏省委关于各县党的组织及工作概况》中,奉贤县统计在《有组织、有工作已与省委发生关系的各县表》内,"现有同志16人,尽属

李主一手书诗稿

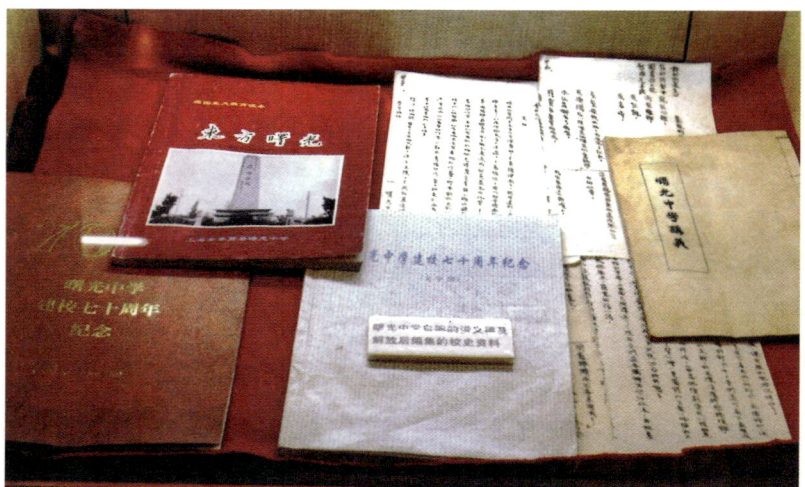

曙光中学教学讲义及校史资料

知识分子，自办曙光中学"。同年秋，中共奉贤县委员会在此诞生，刘晓任书记，李主一任组织部长，王厚生任宣传部长，刘德超任军事部长，范志超为委员。曙光中学内还建立了共青团组织并组织了"读书会"等进步团体，其中，陈兆兰被任命为团县委书记。他们还在奉贤南桥地区发展党员，组建了中共南桥地下党支部。革命烈士奉贤人周大根以及后来在奉贤牺牲的赵天鹏等也都是在曙光中学入的党，他们以教师身份为掩护，从事革命活动，为革命牺牲了生命。曙光中学逐渐成了奉贤、川沙的革命中心之一。

为方便向学生讲授革命知识，曙光中学还秘密编印了课本，内容既有孙中山的《总理遗嘱》，也有鲁迅、郭沫若的作品。曙光中学后院的一间小屋里秘密保存着许多革命书籍，其中既有中共中央先后编辑出版的《向导》《新青年》《前锋》《布尔什维克》等期刊，也有李大钊、陈独秀、毛泽东、周恩来、邓中夏等人的文章和讲话，还有陈望道翻译的《共产党宣言》最早中译本。师生们因此把这小屋亲切地称为"红角"。而在教师小宿舍的天花板上，还有一个小阁，是党的秘密"显影"室，党内同志可以钻进去轮流阅读党的秘密文件。外面风声一紧，李主一就会把"红角"的书刊全部藏起来。因此，尽管国民党反动派已经风闻曙光中学在宣传共产主义并不止一次地派人前来检查，但直到学校被查封，也没有拿到任何证据。

不料，此时中共南桥支部却发生了意外。1928年3月19日深夜，南桥一位支部成员散发革命传单时，被人盯梢并密报了军警，因此被捕。敌人从其身上搜出一封署名"周南枝"的寄给曙光中学陈兆兰的信,而这是南桥支部给县委的一份报告。3月27日,陈兆兰被捕。国民党查封了曙光中学,封条上写道:"曙光中学李主一等有共产嫌疑,勒令封闭。"此时,正巧李主一因护送上级党的负责人林钧回上海,离开奉城未归。李主一得知陈兆兰被捕消息后,就急忙开始了营救工作。他带着县委的一封信,赶到位于普陀小沙渡路(今西康路)1号的党的秘密交通机关小沙渡饭店。不料此前该机关已被英国巡捕侦破,敌人早已布下了罗网。李主一到店内,便落入敌探的陷阱。就在同一天,曙光中学教师范志超和地下党员董冰如也落入了敌手。在审讯室里,为保护同志,李主一坚决不承认认识他们,惹恼了巡捕房的巡探,李主一也因此遭到了各种严刑摧残,但他的回答始终是:"不认识!"于是范志超、董冰如二人的真实身份没有暴露,第二天范志超便被保释,董冰如也在十多天后获释。

党组织多方设法营救李主一,但是无奈县政当局百般阻挠。5月上旬,李主一被引渡到龙华淞沪警备司令部。当他的妻子顾吉仙去龙华看守所探监时,李主一自知敌人不会放过他,需要和妻子做个交待,于是透过装着铁栅的小窗洞对她说:"我不死的话,总有办法的;我如果死了,我为革命而死是光荣的,你不要哭泣,不要为我多花钱。要替我在曙光中学后面买两亩田,就把我葬在这块田里,坟墓旁立一块碑,碑上题'死得其所'四个字,这样我虽死犹生。"1928年6月21日,李主一被敌人杀害,牺牲时年仅37岁。

李主一虽然牺牲了，但党和人民一直没有忘记他。1957年，奉贤县人民委员会曙光中学校园内为李主一竖立了纪念碑，上书"死得其所"四个字，实现了李主一烈士的遗愿，也让烈士的丰碑在人们心中扎了根。

通江达海 江南地

运河两岸的古镇"新生"
水绿交融的"城廓公园"
江海联景的"新水乡"
金海湖上的"大客厅"

运河两岸的古镇"新生"

奉贤有着江南水乡的底色,这里曾经河湖交错,水网纵横,有小桥流水、古镇村舍,如诗如画。近年随着城市用地的增加、人口结构以及市民需求的变化,带来了土地资源短缺、老城区衰败、历史文脉弱化等诸多问题,但与此同时,那些具有历史价值和特色风貌的古街、古镇、古村却隐藏着巨大的社会价值和开发潜力。那么,过去"依水而兴"的江南古镇如何"依水再兴"?怎样让江南文化焕发新的生机与活力?基于这些问题,奉贤通过对浦南运河两岸古镇的修缮改造,营造出了一幅新江南水乡图景。

"点靓"浦南运河

浦南运河位于奉贤南北境的中部,横贯奉贤东西全境,是中华人民共和国成立后分多期开挖合成的东西向骨干河道。浦南运河原名浦东运河,西起奉贤与金山的界河龙泉港,往东流经庄行、南桥、江海、光明、青村、奉城、洪庙、四团、平安、邵厂10个镇,与南沙港、南竹港、金汇塘、航塘港等相交,止于大泖港。运河连接庄行、县城、青村、奉城、洪庙等主要城镇,全长40千米,串汇全县16条市、区级纵向河道中的 15 条。从 1958 年首次开挖至 1977 年全线贯通，前后经历 19 年，开挖土方近 900 万立方米。由于奉贤境内的浦东运河与浦东境内的浦东运河毫无关系，因此，1994 年上海市地名办公室在整理河道标准名称时，将奉贤浦东运河更名为浦南运河。此时的浦南运河船舶通航能力达 60～100 吨级，受益农田约 5400 公顷，有着调蓄奉贤全境河网水的重要功能，是奉贤的母亲河。

但是改革开放以来，城市的扩张、人口的分散、新兴产业的发展使得浦南运河原有的灌溉、水运功能受到削弱，沿岸城镇发展遭遇瓶颈。当新城建设被提上日程，在关乎奉贤未来发展的美好图景中，浦南运河再次被提及，两岸改造工程也成为奉贤经济与社会发展的新蓝图、新引擎、新亮点。

浦南运河两岸的庄行镇、南桥镇、青村镇、奉城镇、四团镇 5 个古镇虽古未废、虽衰未败，镇内的古街巷保存较好，老字号、老店铺还在，老民居里依然充满着烟火气。目前，奉贤正在依托这些昔日的江南水乡古镇，结合浦南运河水系，活化历史遗址与保护建筑，重构生态系统与生活系统，完善公共空间与城市功能，打造一片有历史传承的文化街巷和有生活气息的复合社区。

"南桥源"的更新与再生

"南桥源"是奉贤重点推进的城市更新项目，是城市文化与城市更新相融合的一次使命探索。"南桥源"城市更新与再生计划聚焦南

浦南运河两岸风貌

桥老城区,东起环城东路,西至南桥路,南起解放路,北至浦南运河。总体方案包括"三古"区域(古华商城、古华山庄、古华园区域)、沈家花园、文化广场、鼎丰酱园、南桥体育中心、南桥书院、卜罗德祠、人民路历史文化风貌复兴街、运河水乡9个地块的更新改造。其中,"南桥源"项目有2个特征。

一是保存江南历史文脉。在南桥沿着浦南运河的0.7平方公里开发区域里,"镶嵌"着宋代的街道、明代的古桥、清代的卜罗德祠和鼎丰酱园、建于20世纪初的沈家花园、抗日第八集团军司令部等30

多处历史文化遗迹。这些不同时代的文化遗产共同构成了南桥镇独特的历史风貌和深厚的文化底蕴，那么如何将其融入现代城市生活和业态发展之中与居民共生呢？百年老厂鼎丰酱园就是其中的一例。一座现代化、标准化、规模化的工厂拔地而起，同时，鼎丰旧址也变成了文创园，人们可以走进其中了解百年鼎丰的工匠精神。又如南桥书院的改造。创建于1878年的南桥书院经历两次搬迁，如今的校址位于历史名校奉贤中学原址，一百多年前，这里也曾是石瑟公学的所在地。南桥书院目前已交付使用，未来学校的地下停车场、体育馆、体育场都将与社区居民共享。这些历史遗存的活化利用，是彰显南桥文化的当代价值的重要方式，让来到南桥老城区的人们，倾听故事、感受文化。

二是保护水乡城市肌理。尽管南桥老城区的水乡城市肌理保存得非常好，但现代化交通工具的大量出现还是给江南古镇的城市肌理带来一定影响，使得原本窄小的里弄停满了车辆。与此同时，老城内的厂房、公园、住宅区围墙相隔，无形中分割了原有的街区，给人们的出行带来极大的不便。为此，奉贤在"南桥源"项目中提出"还路于民""还院于民"的针对性措施。具体包括：在地下提供近2000个车位，最大限度地还路于民；将老城区6街24弄的街区里弄道路打通还原，还根据老地图给一些弄堂加上名字，如旗杆弄、红旗弄、曹家弄等，通过找回集体记忆，让人们在生活中找到更多的联结，增强社区归属感；同时，尽量破除围墙，让街区、单位、地块之间开放互通，例如沈家花园和鼎丰酱园就被打造成一个开放的文化街区，而南桥书院则被打造成一个开放的运动和教育街区。

"冷江雨巷"的江南气韵

作为奉贤新江南文化意向,"冷江雨巷"因冷泾港流经庄行老街而得名。庄行是江南鱼米之乡,盛产棉花和稻米,素有"衣被天下""花米通八江"的美誉,又称"花米庄行"。早在宋代,此地已有村落,元末明初形成集镇。明洪武初年(1368年),集镇因庄氏人家迁入开设花米行而得名"庄家行"。明嘉靖二年(1523年),工部郎中林文沛疏浚南桥塘。此后,庄行的街市更繁荣、商业更发达,有诗赞云:"鱼米庄行闹六时。"清乾隆《奉贤县志》也载有:"今世布之佳者,首推松江。而松江之布,尤首推奉贤之庄行。"庄行至今还保留了一条比较完好的、富有江南水乡神韵的明清建筑老街,从中可以窥见当时的繁盛景象。

庄行老街全长约1400米,有600多年历史。街旁有南桥塘、万年泾等古河道,万年泾桥、八字桥等古桥梁与街巷相连。街面由石板铺成,有着"雨天不湿绣花鞋"的排水系统。街两旁的民居、商铺、宅院次第分布,其中有汪家故居、李雪亭宅、褚泾庙旧址、油车弄刁家古宅等明清民居,也有庄氏祠堂、世德堂、露湑堂等文化遗存,建筑内部雕花精致,彰显明清江南文化的艺术魅力。

目前,奉贤凭借庄行"冷江雨巷"的独特性,分为"都市古镇""田园牧歌"两部分进行开发。"田园牧歌"片区以"记得住乡愁,看得见发展"为出发点,贯彻"乡村振兴"策略,打造升级版的田园综合体,既有上海面积最大最集中的油菜花地,也有传统民俗特色的庄行伏羊节;"都市古镇"片区依托"小桥流水人家、灯火阑珊庄行,江南院子,未来空间"的整体打造思路,建设新型城镇化示范区,围绕古街,通过修缮、重建庄行"一街、四园、五桥、八店",将让曾经鳞次栉比的戏台茶楼、商铺庙宇一一回到人们视野中,再现600年前的繁华。

奉贤在塑造新江南文化的同时也注重生态基底。其计划打造的环"冷江雨巷"生态绿廊将利用周边公共绿地,植入运河文化展示、时尚户外运动等功能,拟建六大主题公园(包括科技体验公园、时尚运动公园、亲子互动公园、运河卷首公园、健康养生公园、自然科普公园),为古镇增添新的高品质娱乐元素。

浦南运河串联起奉贤历史文化的源流与脉络,是城市未来发展的重要轴带。两岸的一砖一瓦诉说了古镇的文明,一街一巷书写了古镇的繁华。奉贤通过挖掘两岸古镇独有的质感、基底和文化,让一个个沉淀千年的江南水乡、一座座文脉传承的都市古镇在今天重新焕发生机,为人们呈现出古朴雅致与多元现代的新江南。

水绿交融的"城廓公园"

城市的四至边界以及内部一横一竖两条绿道会组成一个"田"字,而奉贤新城打造的"田字绿廊"是依托城市中央绿地,沿水系构建长 50 公里、宽 30 米至 3 公里生态围合、绿浪起伏的"绿色长城"。

最特别的生态空间

"田字绿廊"依托生态体系布局、功能板块特征,将新城内部的蓝绿空间与周边河湖、林地、耕地等区域融为完整的生态网络和开敞的空间体系,打造"百里城市绿道、千亩环城森林、万亩生态绿核",成为绿色的"万里长城"。这片区域由 S4 高速公路、航南公路与奉贤新城四至范围(东至浦星公路,南至 G1501 高速,西至南竹巷,北至大叶公路)围合而成,规划用地面积约 561 公顷,全长 50 公里,包括 33 公里的环城林带和中间十字交叠的 17 公里长的城市景观带。建成后,将是奉贤新城最具特色的生态景观。

具体来说,"田字形"的主框架包括:"口"字方形环线,即新城环城森林城廓公园,长 33 千米,主要体现活水亲城,把乡愁、风景、文脉融入城市;横轴,即东方美谷大道,长 9.1 千米,主要作为景观

形象和人们社交的林荫道；竖轴，即 S4 线性公园，长 8.25 千米，主要结合运动健身路线，提升沿线绿地空间品质。

"田字绿廊"外环绿廊限定新城增长边界，打造连续开放的环城森林城廓公园，内环绿地提升城镇品质，让乡愁、风景、文脉融入内部城市绿道，营造出具有江南韵味、蓝绿交融的城市意象。

"建设者、居民、单位"共同打造

"田字绿廊"的规划是有了，但用生态绿道写出这个"田"字并不容易。比如，在贯通 G1503 北侧（竹港—环城东路）公园绿地的过程中就曾面临难题。该区域面积约 11 公顷，原有的植物长势良好，现状环境犹如天然的森林，但经过调研摸底发现，该区域涉及小区多、单位多，存在一定的侵占公共用地、公共绿地园路不贯通、缺少

活动空间、植被单一等现象。如何提升这片绿林品质，使居民能共享绿色福祉，让这片绿地在城市中展现它独特的魅力呢？

区绿化部门与相关居民区、单位等在反复沟通、多方协调下，最终达成了共识：居民区破墙透绿、拆墙还绿于公，留出了公共绿廊空间；单位打开公共绿地空间，实现绿道联通，满足周边居民通行需求。如阳光苑南侧区域拆除原有的封闭式围墙，新建了通透的围墙并设置了门禁，在便于市民出行的同时保障了居住区安全。沿线的几家单位也拆除了围墙，实现了绿道贯通共享。如司法所、敬老院区域以拆墙透绿为主，留出了一条3米宽的绿道和1米宽的绿带。拆的同时也注意保留。江海二村南侧区域保留江海镇原有牌坊，退界8米，拆除原有的临时菜场及临时水泥路，丰富地被植物；普康苑南侧区域保留原有的停车场，围墙退界到距离第一排建筑8米的位置，将原有的儿童活动区域改造为一处集景墙、沙坑、攀岩等不同设施的儿童乐园。

"生产、生态、生活"三生融合

在"田字绿廊"的腹地,东方美谷大道横贯其中。这是奉贤产城融合的样板段以及奉贤新城的新地标。东方美谷大道两侧绿化项目设计范围为东方美谷大道段(庆园路—浦星公路)两侧绿地。全长3215米,红线总面积9.73万平方米。改造区域为金水苑、金水新苑、百曲乐苑、百曲和苑前后绿地,面积2.6543万平方米,其余为新建区域,面积为7.0757万平方米。

"美"是东方美谷大道的主题,因此它的设计理念是"流云水袖·锦绣花谷——再现东方之美",即通过石景云台、美谷广场、月影纱幔等十大特色景观来表达东方之美;以石景雾森、雨水花园、生态材料、石笼花阶等结合缤纷的灌木花草,营造"锦绣花谷"意向,落实"三生融合"理念。

比如连通金汇港至浦星公路段的绿地。绿道总长约1700米,遍植各种花草。金汇港以西段的植物上层选用绚丽海棠、亚当海棠等,下层选用月季、杜鹃,形成海棠、月季、杜鹃为特色的花带;金汇港至浦星公路段植物种植以金枝国槐、黄连木、美人梅、紫薇、金叶水杉及芳香类植物为主,打造春花秋叶的四季景观,为人们提供了一个鸟语花香的生态疗养地。

如今,田字绿廊"口"字形外框的竹港、G1503公路、浦星公路基本贯通,内部横竖轴也完成近半,等到"田字绿廊"内外相连时,我们随时在树的世界、花的海洋、鸟的天堂中畅游的梦想就将实现。

江海联景的"新水乡"

奉贤南临杭州湾,北枕黄浦江,有着得天独厚的自然条件。但是在 20 世纪 80 年代以前奉贤辖区内最大的内河金汇港因日益淤塞而导致航运和排涝功能衰退,使得江南水乡独有的畅行优势逐渐丧失。奉贤人想要渡过黄浦江,就得从西渡口乘摆渡船缓缓溯行。此外,奉贤的海湾地区也没有得到开发。为了破局,奉贤疏浚河流,造桥开路,开发海湾,使这片土地成为了通江达海、江海联景的"新水乡"。

"黄金水道"金汇港

金汇港是养育了世世代代奉贤人民的母亲河。它的前身是金汇塘,于明代嘉靖二年(1523 年)开挖,是一条弯曲的南北向河道。其位于奉贤的中部,北起黄浦江,南抵杭州湾,全长 21.8 千米,距今已有 500 年的历史。后来,金汇港河道日渐淤塞,对奉贤的工农业生产和人民群众的生活造成了一定的影响。

1976 年至 1977 年间,奉贤筹划开挖金汇港。根据规划设计方案,拟开挖的金汇港北起黄浦江,南至杭州湾,贯通全县南北,途经金汇、齐贤、光明、钱桥 4 个公社和星火农场、军事靶场等地。同时,

金汇港大桥

在河道南北两头各建造一座既能节制又能通航的大型水闸，并沿途建造公路桥梁4座。当年，近14.8万奉贤人民从四面八方赶来加入金汇港拓浚工程，从"浦江第一湾"一路向南，手拉肩扛，用扁担和畚箕一担担挑出了一条新的金汇港。从此，江海相连。

1980年8月20日，奉贤境内南北贯通、规模最大的水利枢纽工程金汇港水利工程竣工。金汇港开成后，成为奉贤的一条通江达海的黄金水道，与浦南运河形成南北东西贯通、连接其他支流、流经奉贤全县的河网水系。金汇港占全县总引水量的60%，通航能力达300吨级，受益面积36万亩。河道两旁的两座大型水闸分别耸立在杭州湾北岸和黄浦江畔，而在两座水闸之间，10余座大桥飞架东西，发挥着通航、引水、排涝、挡潮、调控内河水位与完善奉贤水环境的作用。

如今，金汇港和浦南运河交相辉映，不但孕育了"上海之鱼"、九棵树未来艺术中心、奉贤城市博物馆等奉贤新城地标性建筑，还滋润了两岸的奉贤人民。2019年8月6日，中国（上海）自由贸易试验区临港新片区设立，规划范围是上海大治河以南、金汇港以东。由此，金汇港成为上海自由贸易试验区临港新片区的边界，将为奉贤新城的发展带来更多的机遇。

奉贤首座跨越黄浦江的大桥

金汇港是奉贤实现通江达海梦想的第一步，而建设跨江大桥则是奉贤人实现通江达海梦想的第二步。然而，一条黄浦江却阻隔了奉贤与上海市区的联系。奉贤是桥乡，但从奉贤到黄浦江北岸主要交通方式是乘坐奉贤西渡至闵行的轮渡船。因此，建设跨江大桥一直是奉贤人的梦想。

随着经济发展，过江车辆迅速增长，渡口拥塞现象日趋严重。为缓解两岸交通困难，1986年6月25日，上海市委办公厅将该年《奉贤动态》第7期摘编的"奉贤县要求在西渡口建桥解决黄浦江车辆摆渡难"信息刊登在市委办公厅的《内参信息》上，送市委、市政府参阅。1987年，在上海市第八届人民代表大会第六次会议上，奉贤代表团的市人大代表提出在西渡口建造黄浦江大桥的议案。1988年3月，奉贤将建造黄浦江大桥列入议事日程，议定以自筹资金的方法，架设一座人和车共用的公路大桥。同年4月21日，在市九届一次人代会上，奉贤的市人大代表又一次提出建桥议案。同年5月28日，奉贤西渡浦江大桥建设指挥部成立。尽管由于资金困难等问题，大桥筹建工作暂时停顿，但这并没有动摇奉贤人民的"大桥梦"，造桥的呼声依然强烈。1992年12月，市计划委员会发文同意奉浦大桥工程项目立项，建设资金由奉贤自筹。

奉贤将要造大桥的喜讯传开后，奉贤人民以极大热情支持大桥建设。柘林中学的两名初中生自发向当时的县政府寄去首笔金额为10元钱的捐款并在信中写道："叔叔阿姨们，这钱虽然不多，却是我们一点点省下来的，请你们收下吧。"由此，一场自发的、全民参与的为建设大桥开展社会捐资的活动拉开序幕。人民个人捐款共计100万元人民币，表达了50万奉贤人民的造桥决心和几代人的企盼。1994年3月18日，奉浦大桥正式动工。1995年5月23日，中共中央总书记、国家主席江泽民为奉浦大桥题写桥名。（上海市奉贤区史志编纂委员会编著：《奉贤县续志》）10月26日，全长2201.8米的奉浦大桥建成通车。1997年，奉浦大桥工程项目荣获中国建筑工程鲁班奖。

奉浦大桥的建造从提出动议到建成通车历经10年。这是上海市第一座采用国内集资形式筹措资金建设的黄浦江大桥，总投资4.46亿元，开创了我国大桥建设史上没有向国家要一分钱且用股份制筹集建设资金的先例。奉浦大桥既是黄浦江上第一座大跨度预应力混凝土连续梁桥，也是黄浦江上第四座大型公路桥。它大大缩短了奉贤特别是西渡与上海市区的交通距离，使奉贤人民摆脱了渡江难的困境，改善了奉贤的投资环境，加快了杭州湾北岸地区的资源开发和经济建设，

1995年10月26日,奉浦大桥正式通车

为奉贤插上了经济腾飞的翅膀。

江海连景,青春海湾

金汇港的贯通也为奉贤海湾地区带来了新机遇,诞生了奉贤最年轻的镇——海湾镇。1978年,奉贤在开挖金汇港时,将沿港的金汇、齐贤、光明、钱桥等公社农民安置于奉贤海湾。1979年,新海公社筹备组建立,因其是在海滨新建的单位而名为"新海"。1984年,其建

乡时，因与崇明新海农场同名而改为"奉新"，取"奉贤滨海新建单位"之意。1994年，撤乡建奉新镇。2003年11月12日，上海市人民政府发文批准设立海湾镇，奉新镇撤销镇建制。2005年9月16日，奉贤区海湾镇正式挂牌成立。从此，地处杭州湾北岸、上海最南端的奉贤海湾镇在一片滩涂中拔地而起。

海湾镇地理位置优越，水系发达，西起金汇港，南下杭州湾，东走中港河，北接随塘河；同时，生态优势得天独厚，空气优良，海岸、滩涂资源丰富，25公里的海岸线横亘东西，绿地林地面广量大，享有"一城绿色半城海、上风上水上海湾"的美名。海湾镇也由此逐渐形成了以"海""农"为特色的旅游产业，境域内的海湾旅游开发区占地面积10.2平方公里，有海湾国家森林公园、都市菜园、碧海金沙、渔人码头等多种旅游资源。

海湾镇有着极具地域特色的农垦文化，以铁锈红的颜色统一城市色彩。例如：有农垦博物馆、海滨路农垦特色街区、海湾红色修身美育长廊，共同营造属于海湾镇的独特记忆；有沪上网红打卡地，即利用废弃火车改建的"火车头城市书屋"，它是海湾的文化新地标；有梅花节、牡丹节、荷花节、红叶节、蔬菜节等节庆活动，人们从中可以感受民俗文化的生生不息；有上海首家以知青文化为主题的博物馆，重现120多万上海知青的青春岁月；有始建于元末明初、距今约近700年历史的东海观音寺，作为上海最靠近大海的寺院，它表达了面朝大海的奉贤先人们对鱼米之乡、富庶之地的美好愿望。

海湾镇的优美景观和文化特色以及不断完善的配套设施，吸引了诸多高校和人才的加入。海湾大学园区是上海唯一一座以乡镇名字命名的大学园区，入驻了华东理工大学、上海师范大学、上海应用技术大学、上海旅游高等专科学校 4 所高校，培养了大批人才，还有部分人才毕业后留在了海湾，加入到建设海湾的队伍中。

2019 年临港新片区规划发布后，海湾镇正式纳入规划范围。作为奉贤和新片区关联最紧密的区域之一，海湾乘势崛起，集聚了三一重工、宁德时代等一批具有世界级影响力的企业。这里的生物医药产业围绕精准医疗和世界级大健康产业发展，聚集了君实生物、华领医药、药明康德以及和元生物等近百家知名生物医药企业。

奉贤因水而活，因水而美，因水而富。奉贤自建立以来，就面向广阔的海洋，奉贤人民的血脉里藏着浓厚的海洋基因，有着坚韧不拔的意志和吃苦耐劳的奉献精神。是奉贤十几万普通的老百姓用一条条扁担挑出了金汇港，是奉贤全员筹措资金建成了奉浦大桥，又是奉贤的农垦人将青春热血洒在了海滨，把荒滩变成良田……如今，奉贤几代人通江达海的愿景实现了，奉贤也成为了江海连景、美丽宜居的"新水乡"。

金海湖上的"大客厅"

在"十字水街"两条河道的交汇处,有一座上海面积最大的人工湖,叫金海湖。在金海湖上,人们开凿出了一条作腾空跃起状的大金鱼,头朝南、尾向北,被称为"上海之鱼"。作为奉贤新城规划中的最大亮点,"上海之鱼"公园与中央公园南北呼应,蓝绿交融,共同构成奉贤新城独特的生态核心区,让参与其中的所有人都享受到了它的水绿交融之美,是当之无愧的"城市大客厅"。

"上海之鱼"的由来

很多年前,这里叫做龙潭村,水系丰富。2006 年,上海想在这片空荡荡的荒地上做一篇生态的大文章,于是请来国际规划大师、迪拜"棕榈岛"主创设计师拉瑞·奚伯斯。在实地考察后,他说迪拜棕榈岛是在水面上去做加法,延伸出一个岛的形状,而这个地方更适合做减法,把它本身天然的水系带到一个更核心的位置,形成一个鱼形。为什么选鱼呢?因为奚伯斯认为,除了源于原先的地名"龙潭村"之外,金鱼是中国特有的物种,鱼不仅代表着中国人年年有余的美好意愿,更能体现江南水乡的乡愁。这条鱼不仅美,还包含了科学的成

通江达海 江南地

俯瞰上海之鱼

分。湖里的植被、生物，都有它自己的一套生态系统。鱼的尾巴也不是随意甩出来的，而是跟水系交汇有关，形成天然的水质过滤系统。

2010年，"上海之鱼"项目动工。大地被雕塑成鱼形，由鱼身、鱼尾、鱼鳍等三大湖面构成鱼身水体，金汇港和浦南运河构成外围水系，形成以鱼身为中心的圆环水道。2016年4月，"上海之鱼"正式完成注水，鱼形湖面跃然而出。

经过多年的建设，今天的"上海之鱼"呈现出"一心、三射、四片区"的规划格局，即一个由鱼形湖面及环湖公共绿地组成的生态核心，三条指向湖心、视觉通透的景观通廊，以及分别位于西部、北部、南部、东部的商业办公区、公共活动区、高端住宅区和城市主题公园。在湖心及周边，还建有三个广场、六个公园，并倾情打造了八个"沪上最美"：最美滨水步道、最炫水上剧场、最养眼水岸看台、最浪漫花园浮岛、最艺术跳蚤市场、最具文化礼仪公园、最有活力青年艺术节基地、最生态森林停车场。

"文化客厅"

文化永远是让城市具有吸引力和创造力的因素。金海湖和"上海之鱼"有着优美曲折的湖岸线，其间分布着众多的公共文化服务设施。"上海之鱼"中的"鱼头"上方是奉贤区城市博物馆。该馆将城市规划馆、博物馆合二为一，无论硬件设施还是文化内涵，都在当前上海各区级馆里位于前列。2019年5月16日正式投入运营的奉贤博

奉贤区城区博物馆夜景

物馆占地2.53平方公里，由普利兹克奖获得者建筑师藤本壮介设计，造型上由三个相互连接而又相对独立的单体组成。从天空俯瞰，整片水系及周边绿化组成了一个金鱼的形状，而整座建筑宛若一个个小小的圆珠散落在湖边的绿地中，呈现出"大珠小珠落玉盘"的优美意境。奉贤区规划资源展示馆则通过艺术与高科技元素的结合，全方位展现奉贤的总体规划，是集规划展示、科普教育、娱乐休闲于一体的创新型展馆。

"公园集群"

围绕"上海之鱼"的是一条5公里的环形生态大道，它串联起一系列"颜值"很高的公园。年丰公园作为"上海之鱼"首个建成开放的公园，位于"金鱼"鱼嘴处。其中的一方沙池是孩子们的最爱。在"鱼嘴"北侧，还建造了一个国际青年艺术主题公园，散落的建筑布局犹如金鱼吐出的泡泡。这里有一个有趣的名字：泡泡公园。泡泡公园集观光旅游、生态休闲、花艺体验、儿童拓展、滨水漫步等多种功能于一体，还是上海国际鲜花展的分会场。雕塑艺术公园与青年艺术公园则是用于艺术展览、摄影采风、户外演艺的艺术集市。还有一座位于湖心半岛、极具未来感的"水上酒店"东方美谷论坛酒店，这是一家融商务、度假、会展功能于一体的大型综合高星级酒店。

市民有了大公园作为游憩空间，还需要一些"静态"的载体——驿站。出于对环境的尊重以及城市公园的属性，驿站采用"日晷"式布局，以湖心为圆心，呈几何放射线性分布，最终形成27座点状布局的移动驿站组图。2021年底一期已建设完成15座。这些驿站可以创造停留空间，加载网红直播间、茶室、书吧等拓展功能。在城市公园内植入多个驿站景观空间，是一种创新与尝试。

一个个公园，一座座文化场馆，犹如一颗颗绿宝石，点缀着城市的底色。随着核心地标"上海之鱼"建设完成，未来的奉贤新城会以一种全新的面貌出现在世人面前，到时一座现代与传统共存、科技与生态并重的新型宜居城市将在上海之南鱼跃而起。

雕塑艺术公园

泡泡公园

诗意生活 宜居地

不出奉贤就上好学校
家门口的"医"靠
离开奉贤,便到世界
南上海运动健康新城
在"九棵树"邂逅艺术文化

不出奉贤就上好学校

百年大计，教育先行。如何让孩子们享受到高质量的教育资源？如何打造长三角新城"教育样板"？这一直是奉贤探索的问题。奉贤把教育摆在新城优先发展的战略位置，将教育规划纳入新城的顶层设计，全面引入优质教育资源，扎根奉贤本土，办人民满意的教育，努力建设教育高质量发展的新高地。近年来，奉贤新城的教育基础设施建设不断加快，教育教学水平不断提高，特色教育绽放光彩，先进教育理念在此间汇聚，努力实现新城居民和奔赴新城的新奉贤人的子女"在家门口就上好学校"的愿望。

打造"南上海品质教育新城"

办好每一所家门口的好学校，全面布局教育资源，满足老百姓多样化需求，让奉贤的孩子不出奉贤就能上好学校，是奉贤教育的追求。2021年《奉贤新城"十四五"规划建设行动方案》提出：加快新城公建配套中小幼学校建设，引进品牌教育资源，依托高校资源提升办学品质，全面优化新城教育资源配置，深化产教城融合发展，建设南上海品质教育区。

奉贤新城的教育发展建设得到了上海市市委、市政府的大力支持。2021年3月24日，上海市教育委员会（以下简称市教委）与奉贤签约，围绕奉贤新城打造"南上海品质教育新城"，明确将系统化布局品牌教育资源，帮助建立奉贤新城现代教育体系。具体举措包括促进基础教育高品质发展、推进职业教育产教城融合发展、推动高等教育区校联动发展、提升教育国际化水平等。

在此次战略合作框架协议基础上，奉贤区教育局还与市教委下属教研室、科技艺术教育中心、普通教育研究所、学生德育发展中心、师资培训中心、电化教育馆以及上海教育报刊总社等部门分别签约，将开展干部、教师挂职交流，形成紧密的联动发展机制，合作开展教育改革项目，希望培育一批在全市乃至全国有知名度和影响力的引领型、创新型校长和教师，全方位助力奉贤新城打造"南上海品质教育新城"。

名校落户新城

在市教委支持下，奉贤从基础教育到高等教育全方位引入优质教育资源。以奉贤中学、曙光中学、实验中学、奉教院附小（即奉贤区教育学院附属实验小学）、解放路幼儿园为代表的基础教育机构强势崛起，上海中学国际部、世界外国语学校（以下简称世外）等优质教育资源加速集聚。

奉贤新城注重引进品牌教育资源。2021年6月，市教委、奉贤区人民政府、上海中学三方签订合作协议，共建上海中学国际奉贤分校，创新开展中西融合的拔尖创新人才小初高一体化培养，打造具有世界先进水平的中外基础教育比较研究基地。奉贤区还将与世外合作，计划建成奉贤世界外国语学校，用地面积约为5.78万平方米。与世外已经建成的"智慧校园"青浦世界外国语学校（占地60亩，建筑面积4.75万平方米左右）相比，奉贤世界外语学校是包含幼儿园在内的更大的超级校园。此外，奉贤将与上海师范大学合作举办上海师范大学附属奉贤实验中学和上海师范大学附属奉贤实验小学。同时，还与上海外国语大学签署合作协议，将在奉贤合作举办中小学及幼儿园。

为了不断满足人们对优质、多元教育的个性化需求，奉贤注意引进特色教育。在奉贤与上海音乐学院签订"校区合作"战略框架协议背景下，幼儿园与上海音乐学院深度合作，建设上海音乐学院奉贤区九棵树实验幼儿园。幼儿园于2020年9月开园，占地面积7640平方米，总建筑面积约6900平方米，绿化覆盖率35%。这是奉贤区唯一一所以音乐为特色的幼儿园，为"南上海艺术名片"增加一抹亮丽色彩。

同时，奉贤引进高品质民办教育资源，建成帕丁顿双语学校、九华田田幼儿园等4所民办中小幼学校。其中，帕丁顿双语学校是一所以双语教学和高考美术为主的12年一贯制民办学校，学校高中每年的艺术类本科上线率达到98%以上，录取率达到85%以上。

这种优质教育资源的引入不是简单"拿来"的，而是与奉贤本土教育资源进行深度融合、探索学校创新发展的新模式。如奉贤区教育局与华东理工大学签约，合作共办华东理工大学附属奉贤曙光中学，将这所具有红色基因的学校建设为高品质的大学附属学校。

此外，还有很多中小学校已经建成或在建设规划中。如奉贤中学附属小学和奉贤中学附属初级中学已于 2021 年 9 月投入使用，其中奉贤中学附属小学荣获 2021 年度上海建设工程"白玉兰"奖（市优质工程）。金水丽苑幼儿园和高丰路小学于 2021 年开工建设，总建筑面积分别是 6800 平方米和 2.7 万平方米，其中金水丽苑幼儿园将于 2022 年年内竣工。南港路幼儿园、康全路幼儿园、运河路初中等也在紧锣密鼓地规划建设中。

从"一般"到"优秀"

蔡元培说："教育者，非为已往，非为现在，而专为将来。"目前，

2021 年 9 月 1 日，上海市奉贤中学附属初级中学建成投用

奉贤大力鼓励青少年在科创、艺术、体育等方面的创新发展。例如：加强奉贤中学科创中心的建设，打造南上海学生科创教育基地；新建高标准奉贤区青少年活动中心，打造上海市科技艺术教育中心南上海分中心；合作创建上海市青少年生物科创等市级联合教育基地；推动全市、全国乃至国际高规格、有影响力的教育论坛和赛事活动落地奉贤新城，推动奉贤全域美育。

围绕新城的新兴产业群和数字经济的发展，奉贤将推动优化中职教育专业布局，推进人才培养中高职、中本贯通。例如：支持奉贤新城与华东理工大学共建生物医药产教融合项目，与上海中医药大学共建东方美谷中医药产业基地，与上海应用技术大学等高校共建上海东方美谷产业研究院；支持华东理工大学与上海化学工业区建设电子材料与电子化学品研究院，探索开展三区联动的高端新型工程类专业学位人才培养新模式；与市教委共同推进华东理工大学、上海师范大学、上海应用技术大学等高校大学科技园高质量发展。

当前，奉贤区正积极创建首批"国家义务教育优质均衡区"。随着奉贤中学高考成绩再创新高，奉贤人民和社会各界对奉贤教育感到满意。未来五年，奉贤还将探索构建长三角地区基础教育联动合作发展常态化、长效化机制，提升奉贤新城教育面向长三角的影响力和辐射力，不断推进教育均衡化，把奉贤新城打造成为教育与科技、艺术与未来的高地。

家门口的"医"靠

城市越大看病越难，是城市发展的怪圈。同样，摆在奉贤新城快速发展面前的一个重要问题就是如何解决"看病难、看病远"的问题。2021年3月4日，上海市卫生健康委员会印发《关于加强新城医疗卫生资源规划配置的方案》的通知，提出每个新城至少开设一家三甲综合医院、设置不少于一家发热门诊等要求。在市里的助力下，奉贤努力保障每一位奉贤居民都能享受到优质、高效、公平的医疗服务，让老百姓在"家门口"就能看病、看好病。那么，奉贤新城近年来已经建成哪些公共医疗卫生设施？还将导入或规划建设哪些重大医疗卫生设施项目？新城的未来医疗又将呈现什么新面貌？

引进市级三甲医院，打造一流妇幼健康高地

奉贤新城作为新兴发展的城区，整体人口年轻，每年大量新生儿出生，妇女儿童的健康需求逐年上升。为此，奉贤区政府聚焦妇幼健康，整合多家市级医院优势学科资源，通过创新医联体建设模式、多学科发展、多健康中心等方式，将奉贤新城打造成妇幼健康新高地。目前，奉贤新城已引进三家三级甲等医院，上海交通大学医学院附属新华医院与中国福利会国际和平妇幼保健院（以下简称国妇婴）等将相继落户奉贤新城，为打造"一流妇女儿童健康高地"奠定扎实的基础。同时，上海市第六人民医院、市九医院、儿科医院、龙华医院等也将相继驻扎奉贤。

其中，国妇婴奉贤院区位于贤浦路西侧、望河路北侧、金钱路东侧、沿港河南侧，占地面积100亩，总建筑面积10万平方米，设置床位500张，预计在2022年建院70周年期间正式投入使用，将为当地及周边的女性及婴幼儿提供专业的诊疗服务，显著增强区域性医疗

正在建设中的国妇婴

力量。随着奉贤院区的建成，国妇婴也将摆脱原本的空间限制，转而聚焦医疗服务品质和患者就医体验的提升，优化两院区间的功能划分和设置，为医院长期发展创造新的腾飞契机。

作为国家儿童医学中心的配套建设项目，复旦大学附属儿科医院将联动国妇婴奉贤院区，构建国际一流的胎儿—围产医学学科体系。正在建设的奉贤院区预计开放床位500张，总建筑面积约13万平方米，在满足奉贤区妇幼人群连续性享受优质医疗服务的同时，其医疗服务也将辐射至松江、金山、南汇及长三角地区。

再看上海交通大学医学院附属新华医院奉贤院区。2021年4月27日，新华医院奉贤院区项目建议书正式获得上海市发展和改革委员会批复。批复明确：项目内容包括新建医疗综合楼及配套设施，设置床位600张，新建总建筑面积13.35万平方米，其中地上9.32万平方米，预计2024年12月交付。新华医院将是新中国成立以来上海自行设计建设的首家综合性医院，也是到奉贤新城落地的第一家三级甲等综合性医院。

另一方面，上海交通大学医学院"一流妇女儿童健康高地建设"项目将有效整合交大公共卫生学院和奉贤区卫健委的品牌项目，围绕数字化医防融合妇幼保健体系建设、人才学科建设、智慧卫生管理，提升公共卫生科研能力、社区群众健康自我管理能力。

此外，奉贤新城的市级医院还有2012年建成的上海交通大学附属第六人民医院南院和2021年投入使用的奉贤牙皮防所。除了引进更多知名医院外，区属医疗机构还与市级三甲医院开展医疗联合体建设,比如六院与奉贤区中心医院、九院与奉城医院共建了"医联体",引进专家团队提升奉贤医疗诊治水平。

公共卫生服务能力不断提升

为了让老百姓能真正在"家门口"就诊,奉贤新城也在着力提升社区医疗水平,积极建设新城公共卫生设施,弥补公共卫生资源的短板。比如新建金海社区卫生服务中心,将原来的金汇镇齐贤社区卫生服务中心于2019年12月整体迁建至金海街道嘉园路299号。该中心分南北两个部分:北侧为基本医疗诊疗,南侧为公共卫生服务。新中

金海社区卫生服务中心

心主要承担金海社区、南桥东大居、金汇镇齐贤社区共 16 个社区 13 个村的医疗卫生保健任务，下辖 6 个村卫生室和 1 个社区卫生服务站，服务面积 34.1 平方公里，服务人口 6.9 万人。新建成的社区卫生中心设备完善、功能齐全，给附近就医的人们提供了极大的便利。

为了让居民享受到名医服务，奉贤区政府还实施了"星期日名医"工程，定期邀请沪上名医专家坐诊奉贤各社区卫生服务中心，并且积极推行家庭医生，把长处方、延伸处方服务延伸到村居，让老百姓不出门就能配到三级医院才有的药物。此外，还在生活驿站和社区卫生中心推进"名老中医传承项目"，为周边百姓提供"简、便、廉"的中医诊疗服务。

新城的医疗服务还出现在了"云端"。奉贤不断探索"互联网＋医疗"，推出了线上问诊、远程会诊、互联网医院等医疗服务，为老百姓就医开辟了新途径。为了弥补基层医疗专业能力的不足，还拓展"云诊室""云药房"的建设，逐步实现"不出村看名医专家，24 小时寻医问药"。

为了加强传染病的防治与研究，新城还推进了区中心医院感染门诊加层等项目建设，新建区公共卫生中心，异地扩建中国疾病预防控制中心寄生虫病预防控制所（国家热带病研究中心）等。

无论是市级医院、区级医院还是社区卫生中心，近几年奉贤新城医疗组团的出现，为奉贤地区的人们提供了优质高效的医疗卫生资源，更为奉贤城市功能的完善注入了新的活力，也成了奉贤新城实现"功能完备、宜居宜业"的基本条件。

离开奉贤,便到世界

在大家旧有观念里,一提起奉贤就觉得它离市中心很远,交通不方便。近年来,奉贤新城抓住其作为南上海交通枢纽的优势,向北加强与市区联系,与浦江北岸上海紫竹科学园区、上海交通大学深度绑定发展,向南依托沪甬跨海交通廊道与杭州湾共同发展,加快构建"离开奉贤,便到世界"的大交通体系。

补齐交通短板,双轨深入新城

在民间流传着一句话,叫作"地铁一通,黄金万两"。奉贤新城的快速发展,得益于上海市轨道交通5号线南延伸工程等重大交通基础设施建设。

2018年12月30日,上海地铁5号线南延伸段(东川路站至奉贤新城站)通车试运营,成为首条从黄浦江上横跨的轨交线路。乘客们坐在车厢内就能欣赏到黄浦江两岸的美景。5号线南延伸工程北起东川路站,南至奉贤新城站,运营线路长度约16.1公里,共设江川路站、西渡站、萧塘站、奉浦大道站、环城东路站、望园路站、金海湖站以及奉贤新城站8座新站。至此,5号线全线累计运营线路长度达到32.7公里,运营车站19座。5号线南延伸的开通,拉近了闵行与奉贤两地之间的地域联系,加强了奉贤与中心城区的快速交通联系,促进了区域经济发展。

2022年5月,上海地铁15号线南延伸工程获国家部委批复,开工在即。15号线纵贯上海南北,是上海市轨道交通路网的"西部走廊"。线路途经9个高校、3个国家级的科创园区,是目前国内技术等级最高的全自动驾驶轨道交通线路,也是上海地铁一次性开通里程最长的全地下线路。根据规划,15号线南延伸段将从紫竹高新区站出发,向南过黄浦江至奉贤区,预计与5号线在望园路站实现同站换乘,全长约11公里,其中在奉贤新城设有环城北路站、东方美谷站、望园路站共3个站点。这条地铁线的启动,让奉贤成为五大新城之中少有的有"双轨深入"的区域,将为奉贤的经济社会发展注入新的活力,让奉贤迎来无限机遇。

率先建成沪上首条快速公交专线

BRT是快速公交系统(Bus Rapid Transit)的缩写,是利用现代化公交技术配合智能管理、实现轨道交通式服务、达到轻轨服务水准的一种独特的城市客运系统。它介于轨道交通与常规公交之间,但成本比地铁低,速度比公交快。上海的首条BRT快速公交系统建在奉贤新城,即奉浦快线。它既有醒目的红色专用车道,也有优先通行的公交信号,还有新式的公交车站,便捷省时,人们笑称"坐BRT就像坐地铁一样"。

2018年4月,奉浦快线建成运行,范围为奉贤区南桥汽车站到轨道交通 8 号线沈杜公路站，全长约 20.6 公里，共有 12 个站点，为奉贤新城、闵行浦江镇南部地区居民的公共交通出行提供了很大的便利。2018 年 12 月 14 日，继奉浦快线后，第二条快速公交南团快线正式运营。这条公交专线西起南桥汽车站，东至公交四团站，与奉浦快线实现零换乘，使得奉贤东部地区市民出行更便捷。为进一步提升奉贤新城与中心城之间的快速公共交通联系，缓解 8 号线客流压力，2021 年 9 月，久事公交集团开始规划奉浦快线二期。二期规划线路从 8 号线沈杜公路站到东方体育中心枢纽，全长约 14 公里，沿线涉及闵行区浦江镇、浦锦街道、浦东新区沿滨江地区。

未来五年，奉贤新城将以轨道交通为基础，完善骨干公共交通网络，加快建设中运量交通网络，提高公交线网和站点覆盖率，形成多方式协调发展、便捷换乘、与地区公共活动中心和重大功能节点相适宜的设施布局，引导和支撑新城城乡空间发展。

完善内部综合交通体系

道路是城市的骨骼脉络，道路的增设、改进更是关乎城市运行的重大民生工程。过去五年，奉贤在城市道路建设方面所做的工作包括：全力推进 S3 公路、G228 国道、奉浦东桥等工程项目开工建设，闵浦三桥、金海公路、浦卫公路、望园路森林大道、S4 南桥出口综合立交等建成通车；进一步完善交通基础设施，建成金海公路大学城段、望园路滨江段、解放东路（定奉路—定康路）、海思路等项目，S3 公路、G228 国道东段、大叶公路中段基本贯通，奉浦东桥主桥实

五号线南延伸段

奉浦快线

现完工；有序推进望园路美谷段、金钱公路大居段等项目，开工建设浦星公路南段、解放路西延伸段等项目，启动建设海湾快线；已经建成的 S4 高速南桥出口改造、大叶公路、金海公路、望园路等延伸拓宽工程则有效提升了新城内部的互联互通能力。未来，奉贤新城会结合 G1503 公路、S3 公路和 S4 公路、虹梅南路，形成服务新城的"两横两纵"高快速路路网格局。

以后的五年内，奉贤将建设"十字形"市域铁路网（奉贤线、南枫线）。南枫铁路是一条横跨上海最南边的铁路。根据 2021 年《长江三角洲地区多层次轨道交通规划》，南枫线自南汇支线金融服务区站，经上海自贸区临港片区、奉贤区奉城镇和奉贤新城及金山区亭林镇、朱泾镇、枫泾镇，至枫泾站，线路总长约 93 公里。它也是唯一一个有线路编号的市域铁路（编号为 R12）。根据该规划，奉贤线自三林南站，经闵行区浦江镇、陈行镇及奉贤区金汇镇、奉贤新城、海湾镇，至奉贤站。《2022 年奉贤区政府工作报告》明确提及：今后五年的奋斗目标和主要任务是全力推进南枫线、奉贤线等项目前期工作并在五年内陆续启动；同时，将开始组织开展嘉闵线南延伸段的前期研究，到时嘉闵线将会向南延伸至奉贤区，并联络接南枫线，向北延伸至太仓。期待市域线建设尽快启动落实，届时奉贤的区域经济发展活力将被极大地调动，奉贤新城将会又上一个新台阶。

南上海综合交通枢纽的未来

随着新城发展加快，随之而来的道路交通管理压力日渐增大，问题逐渐显现。为此,奉贤新城将继续优化、完善独立的快速路系统,发挥新城过境截流、到发快速集散的交通功能。其中,有关规划包括:完善静态交通设施规划建设,构建分区域、分类别的停车规划建设标准,加快推进停车系统智能化;强化智慧交通,促进产业与城镇功能板块间互联互通的便捷性;加快绿色能源在新城的推广,至2025年新建住宅配建停车位100%预留充电设施,其他项目配建泊位设置充电设施占比至少15%;依托浦南运河、金汇港等骨干河道,打造兼顾通勤和休闲的水上交通线路,营造具有特色的水上生活体验。

未来,奉贤新城将依托沿海大通道,推进长三角区域交通一体化,对接临港新片区、上海主城区、杭州湾地区,锚固城市交通枢纽,基本实现新城"30、45、60"的出行目标,即30分钟实现内部通勤及联系周边中心镇,45分钟到达近沪城市、中心城和相邻新城,60分钟衔接国际级枢纽。

同时,依托交通枢纽,新城将融入南上海以及杭州湾地区的轨道交通网络,实现新城"两个扇面、六个方向"的高效连通:面向杭州湾扇面,利用国家铁路干线、都市圈城际专线等方式,实现奉贤新城至杭州、宁波等湾区重要城市1小时可达;面向上海市域扇面,利用都市圈城际专线、城市轨道交通等方式,实现新城核心区至浦东枢纽、虹桥枢纽、临港新片区、上海中央活动区等重点板块30分钟直连直通。随着奉贤新城交通"进度条"的不断刷新,到2035年建成"现代集约、功能完备、智慧生态"的新城综合交通体系的目标,值得期待。

南上海运动健康新城

奉贤人热爱体育、崇尚活力。这里有国家级"非遗"项目"奉贤滚灯",在这门集舞蹈、杂技、体育为一体的奇巧高超的传统艺术中,你可以感受到民间传统体育的乐趣与力量;这里有60亩的海湾国际风筝场,你可以看到漫天的风筝在蓝天翩翩起舞;这里有全球级别最高、影响力最大的世界摩托车越野锦标赛(Motocross World Championship,MXGP),你可以近距离领略速度与激情;这里还有体育名将,姜冉馨在2020年东京奥运会上斩获一金一铜,实现了奉贤奥运夺金的历史性突破,更让人们看到了奉贤人拼搏进取的体育精神……这一幕幕传统与现代的交融、时间与空间的流转,彰显着"南上海运动健康新城"的多彩魅力。

"15分钟社区体育生活圈"

围绕"南上海运动健康新城"建设目标,奉贤建立了公共体育设施体系,打造的"区—镇—村居—点"四级"15分钟体育生活圈"提高了全区群众体育锻炼的便利性并取得了显著成效。2021年,奉贤全区体育场地已达2490个,场地面积379.8597万平方米,人均体育场地面积 3.28 平方米，在全市各区排名第三，设施及器材完好率保持在 99% 以上，市级年度综合评估常年保持第一。奉贤还为 91 个村居提供了 17 个健身项目，打通远郊农村群众的最后一公里。

近年来，在奉贤区体育建设整体规划的基础上，奉贤新城的体育事业蓬勃发展。目前已建成绿道超百公里，城市公园内有集漫步、跑步、骑行等功能为一体的生态慢行绿道，人们能便捷地进入绿道运动健身，感受绿道两侧的优美生态环境。

同时，奉贤新城的体育场馆也在不断上新。作为 2021 年度都市运动中心试点项目，"中体城"奉贤都市运动中心是集时尚体育运动中心、青少年体育教培中心、运动健康促进中心于一体的城市体育综合体，室内面积为 24000 平方米，室外面积为 6000 平方米，建有室外足球场、网球场、极限运动区、篮球馆、游泳馆、健身馆、羽毛球馆等，涵盖了超过 19 个大众体育运动项目。此外，南上海体育中心、奉贤极限运动公园等大型体育场馆项目也正在推进中。其中"南上海体育公园（中心）"将建在国际青年社区片区，并计划依托浦南运河、金汇港和"上海之鱼"金海湖，引入国际国内多种水上运动赛事和主题活动，打造一批能同时满足承接国际赛事、开展全民健身大型活动和赛后产业运营需要等功能的万人规模城市体育服务综合体，成为奉贤区的城市新地标。

未来五年，奉贤新城还将围绕市民就近健身运动的需求，继续对运动健康事业加大投入力度，构建群众最满意的社区体育生活圈。例如：推进市民健身步道、益智健身苑点、多功能球场等社区公共体育设施建设，实现社区市民健身中心街镇全覆盖；融入城市"绿荫工程"和"乡村振兴"农村建设工程一体化布局，因地制宜建设嵌入式体育设施，实现社区公共体育健身设施动态化、长效化管理；推进"体医养融合"发展，举办"益动奉贤"全民健身科学指导大讲堂和全民健身项目"村居课堂"，不断优化健身指导服务水平等。

体育品牌点燃全民健身热潮

奉贤体育不仅要满足市民的健身运动需求，还要把奉贤体育做大做强，建立区域体育品牌，打造上海市乃至长三角地区特色品牌赛事，从而推动奉贤全民健身事业的新一轮高质量发展。

"千人系列"是奉贤体育打造多年的全民健身品牌赛事，有千人广播操、千人太极拳、千人瑜伽等项目。2020 年的"线上广播操"成为奉贤人了解新奉贤的窗口。借助每步科技公司的骨骼识别评分系统，将"千人系列"成功移植到线上，参与"先锋 up 主""圈粉大魔王""十佳金牌领操员"和"百佳体操达人"的评选。参赛者在地标、公园、景点、公司甚至自家小院中，以广播操为载体，展现奉贤新貌与各行各业的发展。奉贤当地的 3 家企业还捐赠了 10 万余元的产品作为纪念品，通过广播操比赛带货，让奉贤人了解"东方美谷"产业链产品。

"一镇二品"是奉贤在 2012 年因地制宜创建的特色健身项目，让传统与现代融合、文化和体育同步，给老百姓搭建了一个全民健身的大平台。"一镇二品"有20个项目，如南桥镇的"排舞"和"秧歌"、庄行镇的"舞龙"、青村镇的"打莲湘"、柘林镇的"滚灯"等。在每年全市的健身项目展示中，奉贤区的这些传统项目表演都是一大亮点。

为了整合区域内体育资源，打造区级特色品牌赛事，奉贤创新推出"悦动贤城"全民健身运动"荟"。2020年，首届运动"荟"累计举办35项赛事活动，吸引5万余人次参与。2021年，运动"荟"的赛事体系更趋完善，共设竞赛、活动、展示三大板块，其中展示项目保留了奉贤极具特色"一镇二品"和"千人系列"全民健身项目展示，体现了传承与创新的融合。展示包括红色献礼、活力新城、美丽乡村、青春时尚四大主题，其中，活力新城主题项目吸引市民打卡奉贤新城核心地标，感受城市空间。运动"荟"把奉贤的体育资源形成集聚效应，为市民提供了多渠道、多领域的体育平台，让奉贤新城成为幸福感满满的活力之城。

特色赛事变成闪亮名片

上海有F1大奖赛、网球大师赛、斯诺克大师赛等多项国际顶级赛事。2019年又添一项，世界摩托车越野锦标赛（MXGP）在上海奉贤登陆了。世界级赛事的进入对于中国的摩托车运动起到了有力的助推作用，同时也产生了巨大的经济效益。2017年9月，在全球业界具有良好口碑的和汇集团一举拿下MXGP中国站赛事6年的独家举办

2019年世界摩托车越野锦标赛中国（上海）站比赛

权，使赛事落地奉贤海湾旅游区，填补了上海南部地区举办国际顶尖赛事的空白，初步构成上海"北车南摩"的机车竞赛新格局。

2019年世界摩托车越野锦标赛在首次登陆中国时就吸引了21个国家32支车队参赛，国内外观众达2.5万人次，转播覆盖120多个国家和地区。中国的观众第一次有机会不出国门，就在现场领略世界一流摩托车手的表演。赛事也产生了"溢出效应"，上海国际越野赛车场在非比赛日也将作为训练场地向摩托车运动爱好者开放，提供培训、试驾等服务。每到周末，奉贤的上海国际越野赛车场吸引了很多上海及周边地区的摩托车运动爱好者前来打卡。

奉贤新城还成功承办索道滑水世界杯、ITF世界青少年网球巡回赛、女子围甲联赛上海站等高等级赛事活动。未来，奉贤还将引进一批高水平体育赛事，打造"马上、水上、网上"等运动赛事品牌，吸引高尔夫、垂钓、电竞等特色体育赛事落地。

体育+赋能新城建设

奉贤有着良好的体育产业基础。当前，全区登记注册的体育企业和各级各类体育组织3000多家，包括东辉休闲运动用品公司、和汇安全用品公司、嘉钻马术用品公司等38家上海市500强体育企业，体育产业总体规模达29.49亿元。如何发展壮大奉贤的体育产业，从而助推新城高质量发展？奉贤将体育运动与旅游产业相结合，布局体育旅游这个全新的赛道。

近年来，奉贤开始推进海湾镇体育休闲小镇建设，引入大量体育产业、打造品牌体育赛事。一方面，海湾镇加大地方财政扶持力度，专门设立体育产业发展引导资金，重点扶持体育用品生产企业、赛事项目以及人才发展，以补贴、减免房租等方式鼓励体育产业项目投资落户；另一方面，优化体育产业发展环境，通过制定智慧旅游、节庆活动以奖代补政策，打造体育综合体、体育创意园，推出文化徒步、文化骑游等活动，大力促进体育与旅游、体育与商业、体育与文化的有机结合。目前，海湾镇持续举办多次国际、国家级体育赛事，并且大力推动海湾国际象棋、马术、索道滑水运动品牌化发展，吸引大批体育迷来观赛、游览。2017年，海湾镇获评国家级运动休闲特色小镇，

2019年被评为上海市体育产业示范基地,其中乐派特马术、超越青少年网球荣获市体育产业示范项目。

奉贤把新城建设和体育工作结合起来,提出"跳出体育看体育、服务新城办体育"的方针,不断拓宽体育兴城的路径,瞄准世界一流,丰富体育产业业态,增强"奉贤体育"显示度,让体育赋能新城的经济社会发展。2022年,奉贤将围绕新城发展定位,借力长三角地区体育一体化高质量发展及临港新片区资源优势,打造长三角体育旅游示范区,并利用"东方美谷"产业优势,做大健康美丽产业,发展体育周末经济、赛事经济、休闲经济,持续挖掘新城体育消费潜力,打响具有中国特色、中国风范的"体育强区"品牌。

在"九棵树"邂逅艺术文化

当你日复一日在城市的喧闹中生活，而如果你心中还留有一点给自己的空间，想要繁华深处的幽静，那么就去奉贤的"九棵树"（九棵树艺术空间）吧。在那里，你会看到建筑在自然中生长、艺术在森林里流淌……那里有剧场、书院、四季斑斓的色彩，你心中向往的诗意生活都会照进现实。

全国首家"森林剧院"

在九棵树艺术空间内，有一座融合自然、艺术、人文于一体的灵动剧院隐身于 1200 亩林地内，这就是九棵树（上海）未来艺术中心。它的总用地面积约 7.67 万平方米，总建筑面积 7.17 万平方米，绿化面积达到 2.5 万平方米，绿化率超过 35%，绿林环抱，既是名副其实的"森林剧院"，也是全国首家融合生态、文化和人文空间的 A 级综合剧院。

为什么叫"九棵树"呢？是因为在剧场北侧孕育着艺术中心的形象代表九棵银杏树寓意"九九归一，一贯全球"。作为一个藏在森林中的艺术空间，九棵树未来艺术中心是自然与艺术结合的桥梁。设计师们将这样一座大尺度、大体量的庞然大物置于森林中,让它与自然和谐共生,让建筑从森林中生长出来,走在里面,没有突兀,没有压迫感。从高空俯瞰,剧院宛若一颗萌芽的种子,与森林、水岸融为一体,寓意着新的蓬勃生机,催生着新的文化生活。观众在森林里观看演出,更能体会到感受艺术的最高境界是朴素、质朴的自然。

与沪上其他大型综合性剧场不同,九棵树未来艺术中心首次把森林、建筑、自然、城市、水系、人文与艺术等概念融为一体,剧场板块分为1200座主剧场、500座多功能剧场、300座主题剧场三个室内剧场以及水岸剧场、森林剧场两个户外剧场。室内三个剧场各司其职,融合了音乐剧、舞台剧、话剧、会议等多种使用功能。1200座的大剧场占据整体建筑制高点。"树桩"造型的台塔造型寓意不断生长的"艺术之树"。户外剧场以四季为主题,呈现出不同样式的演出活动,观众可以体验到在森林里看剧、在水岸边嬉戏的观演乐趣。森林剧场可容纳2000人,观众席设置在一片被树林环绕的草坡上,而水岸舞台则像一个湖心小岛。在剧场内部,作为全国第一家、全球第三家大规模采用Constellation电子可变混响系统的剧场——170个喇叭、64个拾音器均布在剧院的每一个角落,剧场工作人员通过先进的电子可变混响系统,按照不同演出类型,一键切换声场环境,淋漓尽致地呈现全新的临场观演体验,满足音乐剧、戏剧、特种表演等多种艺术表演需求。

2019年10月25日,九棵树(上海)未来艺术中心正式开幕,不仅吸引了沪上市民纷至沓来,也成了刘德华、沈腾等众多演艺明星拍

摄影视剧、广告以及参加活动的场地。同时，艺术中心举办的圣彼得堡芭蕾舞团的经典芭蕾舞剧《天鹅湖》、郎朗与汤沐海的《纪念贝多芬诞辰250周年音乐会》、世界艺术大师马克西姆的《甄选——2021马克西姆古典钢琴演奏会》等演出，常常是一票难求。用艺术赋能未来城市，美美与共，是"九棵树"的愿景。正如九棵树（上海）未来艺术中心总经理陈西加说："将艺术融入自然、建筑和生活之间，寻求共生、共荣、共同发展，这是我们对美好城市生活的畅想，也是为之努力的方向。"

九棵树室内艺术中心回廊

言子书院：城市的"文化园林"

2021年9月28日，在九棵树未来艺术中心西北侧，"言子书院"项目正式奠基。言子，名言偃，字子游，常熟人，"孔门七十二贤"中唯一的南方弟子。他擅长文学，曾任鲁国武城县令，宣扬孔子学说，用礼乐教化百姓，使得境内到处有弦歌之声，孔子称赞道："吾门有偃，吾道其南。"因此，他被誉为"南方夫子"。明朝嘉靖时期，改称"先贤言子"。相传奉贤是言子晚年传学的最后一站，言子书院以"言子的传学之路"为设计理念，用建筑语言还原圣贤言子晚年传道的感悟与体验。因言子书院重要的文化内涵，未来，它将是奉贤人文的精神殿堂，也是奉贤新城的新文化地标。

言子书院由世博会中国馆设计者、中国工程院院士何镜堂主创设计。2021年，奉贤聘请16位国内外顶尖规划和建筑设计师作为奉贤新城规划建设专家顾问，建筑大师何镜堂就是其中一位。言子书院总用地面积2.11万平方米，总建筑面积7.84万平方米，是一个复合功能的文化展览建筑项目，涵盖博物展览、教学、书院、学术交流等功能。

言子书院是一座奉贤人文的精神教育殿堂。它由一条南北走向的主轴线串联起礼仪广场、见贤前厅、思齐水院和贤人厅等空间，层层递进，既表现对言偃"以礼治国"的儒家礼运思想的传承，也表达了奉贤人民对先贤的尊敬、对文人才俊的推崇。同时，言子书院也是一座城市的文化园林，通过整合周边原有园林的植被、河流水景，设计师让环境、空间、功能三者精妙融合，水庭、绿围、文院有序排列，彰显中华传统文化的清和雅正，让来到这里的每个人都可以漫步园林、感受静谧。

在"落英缤纷"看四季变换

"春，润雨而水光潋滟；夏，投影而明暗斑驳；秋，落叶而层林尽染；冬，飘雪而银装素裹"，"自然四时，落英缤纷；四时建筑，群

建设中的言子书院

芳竞艳"，这是奉贤新城"落英缤纷"文化中心项目所表达的绝美意境。

"落英缤纷"项目建筑将位于九棵树未来艺术中心西侧，占地面积1.19万平方米，总建筑面积1.17万平方米，四周有良好的自然环境，西侧正对中央景观走廊中轴线，北面可通过绿地至九棵树艺术中心，地势平坦，环境优美。建筑拱脚将坐落于中央景观主轴、林间景观小径、室外庭院等处，方便各方向人流于屋顶汇聚交融。屋面之上，交融汇聚而享四方林景；屋面之下，悠然静坐而观八面自然。上下内外之间，自然与人和谐共生。

"落英缤纷"项目建筑不仅外部造型优美，在结构建造上也将体现出极其高的建造水准，在设计中通过引入前沿的大跨异形无柱壳体空间，打造一个全新的未来地景建筑形象。项目整体结构最大跨度120米，在连通景观主要动线的同时，为人们登高远眺提供了可能。目前，"落英缤纷"项目正处于奠基阶段，建成后，将是一处外形优美、功能多变的复合文化建筑。

未来，坐落在九棵树文化公园的这些"诗意地"，将充分发挥"南上海文化客厅"的核心功能，在为新城品质提升注入更强劲的动力基础上，不断突破文化艺术的边界，深度融入城市生活，引领市民文化生活新方式。

双擎驱动　梦想地

"东方美谷"：中国化妆品产业之都
"未来空间"：智能汽车发展新高地
"数字江海"：上海首个数字化国际产业社区

"东方美谷"：中国化妆品产业之都

一个城市的发展不能缺少标志性的产业，在上海的经济版图中，奉贤曾是一块不起眼的区域，也没有能"拿得出手"的标志性产业。2015年，新消费浪潮席卷而来，此时正身处发展困局中的奉贤，结合自身以化工产业见长的优势，率先窥见化妆品产业蕴藏的发展密码，探索出了一条适合自己的破局之路。于是，"东方美谷"横空出世。几年来，"东方美谷"演绎了一个地区产业如何在短时间内从无到有、从有到优、从地方走向世界的蝶变过程。

从"中国制造"到"中国创造"

20世纪80年代，随着改革开放以来消费市场的兴起，曾因"雙妹"品牌为中国赢得国际至高荣誉的上海家化联合股份有限公司因新生代国货品牌"美加净"，创造了中国化妆品市场多个"第一"：第一瓶头蜡、第一支手霜等。而在地处上海最南端的奉贤区，一些为上海家化做代加工的小企业陆续在此聚集。几乎就在同一时期，一家韩国的化妆品生产企业也来到奉贤。作为全球最大的化妆品代工企业，它为国内外的200多个知名美妆品牌代工生产，被称为"化妆品界的富士康",它就是科丝美诗。此后,以科丝美诗为代表的创新代工研发以及代工生产的这种ODM模式(原厂委托设计),在奉贤带动了好多品牌企业,形成了一个比较完整的研发创新生产的产业链条。

这些在奉贤已有的化妆品产业根基触发了奉贤聚焦发展美丽健康产业的想法。2015年底,奉贤正式提出建设"东方美谷",进一步整合已有的美容化妆品、生物医药等产业基础,优化产业链布局,聚焦强链、补链、延链,加强化妆品上下游产业集聚。为吸收全球先进经验,奉贤走访了法国、意大利、日本、韩国等化妆品领域最具代表性的企业、协会,并与囊括"欧莱雅""迪奥""娇兰""纪梵希"等知名化妆品牌的法国"化妆品谷"签订"双谷联动"协议。2016年,奉贤区以漕河泾科技绿洲南桥园区作为核心载体,对坚实的美丽健康产业基础进行有机整合,正式开始打造一个东方美容化妆界的"硅谷",即"东方美谷"。

起初看好"东方美谷"的人不多。但熟悉情况的人也知道,奉贤的化妆品企业类型以制造商为主,代加工环节发展得如火如荼。全球规模最大的代加工厂,如莹特丽、科丝美诗等,都在奉贤发展。但品牌的原创性不足是奉贤探索"美谷"之路的硬伤。随着"百雀羚""韩束"等一批国内原创品牌的进入,越来越多的原创品牌商群体在"东方美谷"集中出现。这些新国货品牌的集中涌现擦亮了"东方美谷"的招牌,而"东方美谷"也在助力国货"弯道超车"。这些品牌乘风破浪的背后,与孕育它们的城市文化、产业基础和营商环境密不可分,也折射出中国制造业从"中国制造"向"中国创造"崛起的步伐。奉贤也在利用全区的优势资源、闲置资源，建设"东方美谷"各种类型的园区、产业空间甚至打通城乡的要素资源。不止一家化妆品企业坐落在奉贤的乡间。"东方美谷"的承载空间、发展空间乃至想象空间，都因为和奉贤这一地区的高度结合，变得不可限量。

政策供给的阳光雨露

要让社会主体有更多的自由选择，充分释放中小企业创造活力，让其在市场中释放品牌价值、拓展品牌空间，这就需要政策的扶持。早在建设之初，"东方美谷"就确立了实施"市场准入、品牌建设、技术支撑、法制保障"的一体化服务，为入驻企业开辟行政审批的绿色通道，简化手续、优先审批。2016年成立的东方美谷集团股份有限公司成为产业承载空间平台。

2017年，国家发展和改革委员会将"东方美谷"作为产业园区案例写入《全国美容行业发展战略规划纲要》。同年，市政府发布《关于推进上海美丽健康产业发展的若干意见》，明确将美丽健康产业作为上海大健康产业发展的重要支柱，形成"一核两片五联动"产业空间发展布局，形成美丽健康全产业链的空间布局和融合联动发展态势。其中"一核"指奉贤"东方美谷"，"两片"指闵行和浦东张江，"五联动"指静安、松江、青浦、嘉定、宝山。奉贤区也随之被授予"'设计之都、时尚之都、品牌之都'示范实践区"称号。随后，中国轻工业联合会、中国香料香精化妆品工业协会授予奉贤区"中国化妆品产业之都"称号。这一系列的政策支持与肯定，让"东方美谷"大步迈进快速发展的新阶段。

2019年，奉贤区与国家防伪工程技术研究中心产品追溯委员会举行战略签约仪式，双方将共同打造"东方美谷全球正品自由贸易港"，建立产品数据中心及品牌营销渠道，构建新型跨境电子交易商务平台。

如今，奉贤区依托奉贤综合保税区，复制对非特殊用途化妆品采取备案管理等自贸试验区经验，打造东方美谷跨境电商平台、保税展示交易中心和保税检测维修中心，助力长三角企业提升运营效率、降低运营成本、提供通向世界舞台的跳板。

东方美谷园区

是"生态圈",不是"产业链"

不同于以往化妆品产业园区,"东方美谷"并不是一个物理意义上的园区,也不是产业集聚区所形成的单一产业链,而是举奉贤全区之力,通过全区域覆盖、全功能整合、全产业配套、全要素服务,实现"全域之美"的"都市产业生态圈"。

"东方美谷"把总部经济、文化创意、旅游休闲、电子商务、体育运动、金融服务、时尚产业、奢侈品等跨界产业整合形成一个以美丽健康产业为核心、多种产业共生共赢的"美丽健康产业联盟"。原上海奉贤经济开发区生物科技园区被奉贤区升级打造为东方美谷核心区。产业板块占地面积5.95平方公里。"东方美谷"拥有多领域产业集群,涵盖研发、生产、包装、销售、品牌、检测等产业链环节,共同构成化妆品企业的产业生态。越来越多的外国企业愿意选择"东方美谷"作为进入中国的第一站,原因正是这里良好的生态圈。

除了搭建化妆品产业发展生态圈,奉贤还在"东方美谷"搭建了研发、设计、检测等八大中心,为企业提供全产业链指导。2018年成立的东方美谷研究院,就是与上海应用技术大学进行产学研合作的"硕果",为美谷企业提供学术交流、检测评价、技术开发等一站式的精准化服务。目前,有100个东方美谷研究院正在加紧建设。东方美谷产业园区被国家发展和改革委员会确定为上海国家生物产业基地,被国家商务部、科技部确定为生物医药领域国家科技兴贸创新基地,被上海市确定为新材料产业基地。

现在，每4片面膜中就有1片产自奉贤的东方美谷。每天上海全市25%以上的化妆品企业在这里加工生产，总产值过百亿的美丽健康产品从这里打包分装远销海内外。为拓宽销售渠道，"东方美谷"在2020年打造了新零售品牌"美谷美购"，消费者在这里可以体验所有来自"东方美谷"的化妆品。"东方美谷"让每一个落户的企业真正感受到了政府在搭建一个巨大的产业服务平台，从研发到原料到产线再到销售，上下游产业不用出东方美谷园区的范围就可以相互配合。长三角地区庞大的化妆品产业链正在形成。

东方美谷购物节

近悦远来,美谷花开

随着"东方美谷"的品牌效应和知名度的提高,问及"东方美谷"在哪的人越来越多。每个镇、每个园区都或多或少分布着"东方美谷"的相关企业。"东方美谷"也已经超越了物理上的园区概念,成为奉贤集全区之力打造的全域发展理念。

现在,越来越多的美丽健康企业选择落户奉贤。资生堂研发中心、欧莱雅美妆科技创造营等重点项目落地,283个东方美谷产业集聚中心授牌签约。奉贤区的美丽健康产业已实现规上工业产值400亿元,

2020年东方美谷国际化妆品大会

占全区规上工业产值比重21%。"东方美谷"已经连续三年举办国际化妆品大会。来自全球的20强化妆品企业的代表悉数到场,"东方美谷"的品牌影响力正向全球辐射。

随着资生堂可持续发展研发中心、欧莱雅美妆科技训练营、完美日记、拉芳彩妆等一批美丽健康项目纷纷落户,美谷一号、美谷八号开工建设。经过5年发展,已有大大小小700多家实业型企业、3000多个美丽健康品牌扎根于此,东方美谷化妆品企业达到400多家,数量占上海市25%以上,"东方美谷"化妆品企业销售额占全市40%,已形成国内规模最大的美丽健康产业集群之一。

在"东方美谷",品牌不仅仅是简单聚集,在"东方美谷"的涵养下,一些品牌淬炼出独特的文化品质和精神气质。海派文化、江南情愫、中西交融成为一些品牌的特色。更多具有中国传统文化内涵的品牌也在这里落地生根,文化将赋予"东方美谷"新的生命。

从"品质"到"品牌","东方美谷"着力打破"有品质、无品牌"窘境,已形成涵盖美容护肤品、香水、日化用品、保健品、生物医药等多个门类的美丽健康的产业生态圈,是上海最大规模的化妆品企业聚集地,擦亮了"中国化妆品产业之都"名片,成为中国化妆品企业走向世界的首发站、世界化妆品大咖进入中国的首选地。"东方美谷"是覆盖整个奉贤的巨大产业集群,作为"东方美谷"核心区的所在地,奉贤在未来将集聚更多化妆品知名企业,成为中国化妆品产业皇冠上的明珠。

"未来空间"：智能汽车发展新高地

在当今技术创新的时代，新能源必然是全球化发展的重要方向。一个机遇在 2018 年悄然而至，特斯拉上海超级工厂在临港投产。有着汽车配件产业基础的奉贤，必定要搭载上特斯拉的溢出效应。由此，奉贤的又一个产业方向"未来空间"应运而生。聚焦智能网联新能源汽车及核心零部件产业，奉贤承接了自贸区改革成果和政策溢出效应，打造出东部产城融合新片区"未来空间"。2019 年 7 月，奉贤区发布《对标国际化，服务长三角，打造南上海"未来空间"的意见》，提出以自贸区新片区联动的新高地、长三角协同发展的新舞台、世界级前沿产业集群的新载体和南上海"三生融合"的新样式为发展目标。"东方美谷＋未来空间"的双引擎驱动战略自此成为奉贤产业发展的新动能。

"聪明的路""听话的车""智慧的云"

2020 年，奉贤集聚汽车制造等重点产业，在"新能源智能网联汽车"产业上开疆拓土。奉贤成立未来空间建设发展公司并与临港集团、百度阿波罗开展战略合作。2021 年，奉贤建成国内首个"智慧全出行链"自动驾驶开放测试区。2021年年初,奉贤区人民政府、临港集团、上海交通大学在临港南桥智行生态谷、未来空间核心技术创新承载区,共同打造了"奉贤智能驾驶全出行链创新示范区"。目前,奉贤示范区已建成既有开放道路也有区域场景、既有地上也有地下空间、既支持单车智能也支持车路协同、既支持单一道路更注重区域覆盖的自动驾驶汽车开放测试区域,可为全国智能网联汽车提供社区、园区、校区、景区、商区、城区六大典型场景出行链。这也是国内率先致力于打通日常出行"最后一公里"的"智慧全出行链"自动驾驶开放测试区。

为加快"未来空间"发展,奉贤集聚智能网联汽车全周期产业链,打造"聪明路、未来车、智慧城","未来空间"也迎来发展契机。面对智能网联这个新兴的战略性产业,未来空间全方位构建具有引领行业发展的产业生态。自动驾驶全出行链测试示范场景一期9.87公里建成投运,这也是全国首个具备"全出行链"测试场景的测试区。临港南桥智行生态谷入选上海市智能制造特色产业园区,纳入上海市智能网联产业发展重点布局。上海交通大学两个国家工程实验室等一批重量级功能平台落地,均胜电子、塞亚森和赛科利等一批特斯拉配套企业投产。

除了打造"听话的车""智能的路"以外,上海智能网联汽车技术中心有限公司还在园区内加紧打造上海市智能网联汽车信息安全研发与公共服务平台,通过这一"智慧的云",最终将其测试场景打造成全国首个以车路协同、车网融合为技术特点并兼容单车智能和网联智能的测试场。目前，技术人员已搭建以示范区为原型的"仿真平台"，通过现代通信技术，按照速度、航向、车身大小等参数，模拟无人驾驶汽车在行驶过程中所遇到的突发情况，收集相关数据。

"楼上研发、楼下测试"

作为奉贤"未来空间"的技术创新承载区，2020年临港南桥科技城提档升级为上海市特色产业园区，并于2021年率先建成长三角唯一无人驾驶汽车地下封闭测试场景，为长三角乃至全国的无人驾驶技术发展提供更丰富的道路场景和路况采集数据。真正让企业"楼上搞研发、楼下搞测试"的梦想照进现实。

无人驾驶汽车在研发过程中需要反复测试，在测试场景中，要测试出无人驾驶车辆的自主行动能力、避撞能力、退出机制等，就需要"假人假车"来模拟复杂的交通路况。以前国内技术主要依赖于进口，引进一整套设备的价格一般在1500—1800万元，因此，很少有测试场景配备这一设备，奉贤却实现了"线控智能化假人假车"国产化，填补了国内空白。在其技术创新承载区临港南桥智行生态谷，建成由城市道路、园区、地下停车场组成的自动驾驶汽车开放测试示范区，并为长三角乃至全国的无人驾驶技术发展提供更丰富的道路场景、测试服务和路况采集数据。园区内将会聚集更多企业的智能车来测试场和示范景点接驳、物流配送、移动贩卖等领域应用，进一步丰富测试场景的内涵。此外，有别于嘉定、浦东的无人驾驶测试场景，上海智

临港南桥科技城

能网联汽车技术中心有限公司还依托交通大学人才资源，同步自主开发出了"线控智能假人假车""车载监控设备"等一系列智能装备，不仅提供单车智能化车辆测试，还可以提供独一无二的网联智能化车辆测试服务。同时，无人驾驶的体验中心、青少年科普区域都在规划建设中，测试场景建成后，市民可以通过VR技术来真实感受无人驾驶技术。

"未来已来"

经过两年的精心打造，奉贤全域智能网联新能源汽车核心零部件"一廊四区多点"的"未来空间"产业走廊已初露锋芒，预示"未来已来、未来无限"的大好春光。在东面，临港奉贤园区已形成"生命科技、高端智能装备、智能网联汽车及高端配件"三大主导产业集群，近10个国家的100多个产业项目落户。在西面，临港南桥智行生态谷内，奉贤区智能网联汽车测试示范区基本完成施工，两个国家级汽车实验室、中智行等前瞻技术研究所以及纵目科技等一批研发型科技公司先后落户。G1503东西纽带上，奉城镇、四团镇等也已相继亮出"未来空间"建设速度。四团镇拿出千亩土地，用于中日（上海）地方发展合作示范区的落户。这个由国家发展和改革委员会批复的重大项目，将集制造、制氢、储氢、加氢一体化撬装设备、氢燃料电池各类汽车、零部件等为一体，打造成为上、中、下游高端制造综合新能源示范区。而在规划协同区内，以奉城产业园为主，计划腾挪1平方公里产业用地，布局以生产氢能源电池为主的新能源产业基地，最终在新片区内形成以整车龙头企业为引领的产业链上下游协同发展格局，使以智能网联汽车为核心的智能制造成为未来空间支柱产业。

广阔的发展前景吸引国内外顶尖智能网联汽车企业来此落户。奉贤区已与浙江杭州大华股份、零跑汽车、福瑞泰克、广微控股公司开展合作交流，与汽车百人会、大之商等招商平台洽谈合作。其中，法兰曼航空有限公司落户工业综合开发区。作为上海汽车产业的"第三极"，以智能网联技术创新为特色的"南上海汽车产业中心"日渐风生水起、光彩夺目，奉贤必将成为上海智能汽车创新发展高地。

"数字江海":上海首个数字化国际产业社区

"数字江海"是奉贤新城在 2021 年 4 月 9 日发布的首个数字产城融合造城计划,其基地位于奉贤新城核心区域,地处虹梅南路越江隧道奉贤出入口,三面临区域主干道,毗邻上海轨道交通 5 号线望园路站、上海首条 BRT 快速公交沿线,总面积 1.5 平方公里,是上海市区进入奉贤的北部门户。作为奉贤新城的 1 号工程,数字江海以高强度的土地开发、高度复合的用地性质、高灵活的弹性规划等亮点,打造成一座令人向往的未来之城、数字之城、低碳之城、生态之城。

"区区合作、品牌联动"

为了用好"上海自贸区临港新片区大部分区域在奉贤"这一独特优势,奉贤与临港集团建立了"区区合作、品牌联动"合作机制并于 2021 年 7 月签订战略框架协议,共同打造"数字江海"国际产业社区。目标是建设城市力全渗透的数字化国际产业社区,即城市功能与产业功能高度融合,衣食住行、医疗教育文化体育功能在产业社区里充分满足。

由上海奉贤新城建设发展有限公司、上海奉贤生物科技园区开发有限公司与临港集团所属的上海临港控股股份有限公司合资成立上海江海数字产业发展有限公司，联合开发产城融合数字示范区。总规划面积约2060亩，项目总投资约300亿元，共分7期，预计用10年时间完成整个区域的开发。建成后，产业用地将达到900亩，引进企业1000家，提供就业岗位20000个，开发体量300万平方米，实现营业收入1000亿元/年，亩均税收300万元/年，税收贡献30亿元/年。

目前，"数字江海"已签约和储备了一大批优质项目，吸引了数字中国研究院、国家信息中心等100余家研究机构和新生代互联网企业、数字经济龙头企业落户，形成环境优美、产业引领、高能级、高科技的产城融合示范区。"数字江海"将成为支撑奉贤新城建设的产业新高地、城市新名片。

"地上一座城、地下一座城、云上一座城"

"数字江海"将产业社区分成三个平面进行建设，以"地上一座城、地下一座城、云上一座城"的形式，打造新型产城融合社区。如今，在奉贤新城的"北大门"，"三座城市"正拔地而起。

在"数字江海"，地下空间将与地上空间同等重要，甚至"地下"比"地上"还要繁忙。地上是居住公寓，地下是菜场超市、家庭仓库甚至还有幼儿园出入口。地上是生物医药、健康医疗等美丽消费产业，地下则是与之对应的在线新经济直播间。这座"地下城"还将成为上海第三个自动驾驶汽车测试场景的组成部分。上海已有的两个测试基地都基于场外道路测试，而地下空间显然对无人驾驶来说更是一个不可或缺的场景。在这里将解决智慧出行"最后一公里"——自动泊车问题，进而实现微缩城市级自动驾驶示范。

"数字江海"还在云端造城。如何"不出一方土""不出一棵树"就做到"绿植平衡"，这就要靠云端发力了。其实，"数字江海"的现状就是一座森林。云端造城，正是从一棵树的数字化开始。2019年，临港集团与技术团队展开合作，利用无人机倾斜摄影等前沿地理信息技术，对土地现状进行数据采集。截至目前，共采集了75780张照片，包括3.6万余棵不同种类的植被。在"数字江海"数字平台，施工单位可以精准统计每一次挪树的数量，设计单位可以快速甄选出所需树的方位。后期树木养护、美化可实现全生命周期管理。未来，"数字江海"各类规划及分地块的建筑设计方案的审批工作都将在数字平台上进行。这将大大简化审批流程，提升开发效率，保障十年开发计划能顺利推进。

"数字"的智慧魅力

"数字江海"不是简单的地块开发，而是打造一个全新的数字化国际产业城区。在规划的2060亩土地上，有25块建设开发用地、600亩绿地水系、15座市政及景观桥梁、10公里市政道路、各类市政设施及错综复杂的地下管网。不仅有开发过程面临的多界面、多阶段的协同问题，还有高度集聚的多样化城市功能和产业功能如何布局的问题。

这些问题越是复杂，越是可以发挥出"数字江海"的独特魅力，即"产业城区、绿色低碳韧性、产业空间弹性管理、数字化转型"。

"数字江海"是一座微型城市，倡导用地混合、功能复合，围绕智能互联，营造场景应用并将建设低碳韧性的绿色生态示范区，以绿色发展为内涵，在复杂的开发难度下，一体化统筹水岸、建筑、能源、地下空间和海绵城市等多要素，实现全域全环节的低碳韧性发展。

2022年2月24日，"数字江海"首发地块率先开工，占地183亩的首发地块将以数字经济为核心，围绕生物医药与美丽健康、智能网联新能源汽车产业，依托奉贤的产业特色及临港的品牌优势，吸引龙头企业、行业精英、科研团体入驻，推动区域经济发展。

此次开工的首发区，按照高复合、高强度、高能级的发展原则，在地块东北门户区域设置了地标性的垂直工厂并围绕东南侧的创智广场打造配套综合高层研发产品，不仅服务整个园区，也将鲜明的产业形象辐射到整个园区。同时，在平面布局上，以组团院落式结构科学地组织起多维高效的交通流线，配合渗透园区的绿色公共通道以及南侧沿街商业，打造首发区智能大气的综合形象。

目前，"数字江海"正作为奉贤新城"一号工程"加速推进，一座前所未有的数字之城正在南上海的东南角拔地而起。"数字江海"定将成为支撑奉贤新城建设的产业新高地、城市新名片。

序章以启　　未来可期

奉贤新城的长卷已经开启，从建设初期的滨海新城到南上海中心城市，从乡镇工业区到"东方美谷"产业集群的转型，再到人工智能、物联网、新能源汽车这些未来高价值产业的落户……奉贤逐渐从过去的发展"末梢"到未来的发展"前沿"，许多梦想、蓝图都正在一一实现。但毫无疑问，奉贤的美、奉贤的强，都离不开在背后支撑的奉贤人。从言子讲学的传说开始，涌现了一代又一代不平凡的奉贤人，注定了奉贤这片贤者地的未来不会平凡。

在奉贤的历史上，可谓群星闪耀。宋代，有华亭第一个状元卫泾，他官至吏部尚书、御史中丞，是南宋三朝元老；明代，有明嘉靖年间扳倒明朝大奸臣严嵩的宰相徐阶，有凭借一首《白燕》赢得千古诗名的"袁白燕"袁凯，有人称"吴中草圣"的著名书法家张弼，他还曾任兵部主事、兵部员外郎，治绩颇著，有脍炙人口的《杜十娘怒沉百宝箱》的作者宋懋澄，有"藏书四万卷，涉猎殆遍"的何良俊，他的著作《四友斋丛说》是研究明代的珍贵史料；清代，有纂修江浙两省通志、任《江南通志》总裁的黄之隽，有尤怀庭、尤士芬、尤卓一门三画家，其中尤怀庭还是奉命督办新疆军务的名臣，功勋卓著。这些历史人物，不仅为奉贤积淀了深厚的文化底蕴，也推动了中国文化向前发展。

奉贤人除了具有历史文化底蕴,还富有革命斗争精神,在各个时期的革命斗争中,都有奉贤人的身影。有参加过广州暴动,在广东海陆丰壮烈牺牲的黄埔军校武汉分校学员沈志昂,有曾与刘晓并肩战斗,英勇就义于上海龙华狱中的李主一,有带领庄行农民暴动,在狱中写下"你们枪炮虽快,但杀不完我的同志"的青年医生共产党员唐一新,有临刑高唱《国际歌》、高呼"共产党万岁",吓得刽子手不敢开枪的赵天鹏,还有抗日战争期间让日伪军闻风丧胆的"上海李向阳"朱亚民。据统计,奉贤籍的烈士和在奉贤牺牲的革命英烈有386名。他们是奉贤人的骄傲和荣耀,也是奉贤的红色精神标识。

近代以来,一批杰出的奉贤人成为行业内的领路人或开创者。如浙江嘉兴等地著名教育家薛伯康,27岁任同济大学首任校长的阮尚介,青藏铁路的首任总设计师庄心丹,被称为中国地质学界的"三驾马车""十八罗汉",中国最早研究古植物学的学者周赞衡,献身公路建设的著名工程师周赞邦,"行船立奇功,三见毛主席"的劳模船长夏家箴,中国传统技艺传承人、砖雕艺术家宋亦亭,传承400多年的奉贤山歌演唱传统的"山歌大王"唐银山及徒弟朱炳良……他们为中国近现代化进程留下了浓墨重彩的一笔。

面对新时代、新挑战,勤劳勇敢、自强不息的奉贤人及时转变思路,积极迎接新变化。自古以来,奉贤柘林盐民都以制卤晒盐为生。20世纪90年代,柘林的制盐效益不断下降,盐民日益贫困,于是他们摸着石头过河,开拓了东方对虾养殖业,不但实现致富,还为柘林拿到了"中国养虾之乡"的美誉。奉贤的"东方美谷"也是从无到有，奉贤人在全国乃至全世界找经验、找销路，建设出一个全新的高科技产业园。今天的"东方美谷"已成为上海规模最大、国内知名度最高的化妆品集聚地之一。

中国画的最高境界讲究留白，因为有留白才会激发无限的想象。曾经，奉贤是上海的"留白"，正因为上海留下了这块未经雕琢的人文家园和生态花园，给了今天奉贤飞跃的机遇和空间。庄子说："无用之用，方为大用。"如今的奉贤正堪为大用。我们对这片贤者地充满信心，因为奉贤人的精神骨气薪火相传，生生不息，必然会感召越来越多的新奉贤人，投身新城建设、扎根新城生活。我们相信，奉贤终将成为具有强大竞争力和影响力、人与自然和谐共处的城市新星，迸发出独特又闪耀的光彩。

奉贤新城

序章 以启未来可期

致谢

在本书的编辑出版过程中,由上海市地方志办公室、上海市奉贤区地方志办公室、上海通志馆和石浩南、方国政、郑宪章、曹声浩、三鹤春、郑瑜、周剑峰等单位和个人提供图片支持。因图片来源广泛,有些作者未能及时联系,如有遗漏,请联系学林出版社,即付稿酬。

谨向以上单位和个人表示谢忱。

图书在版编目(CIP)数据

走进奉贤/杨杨编著. —上海：学林出版社，2022

(上海地情普及系列丛书.服务"五个新城"建设)

ISBN 978-7-5486-1858-4

Ⅰ.①走… Ⅱ.①杨… Ⅲ.①奉贤区-概况 Ⅳ.①K925.13

中国版本图书馆 CIP 数据核字(2022)第 161680 号

责任编辑 吴耀根　张嵩澜
装帧设计 肖晋兴

上海地情普及系列丛书·服务"五个新城"建设

走进奉贤

上海市地方志办公室　主编
杨　杨　编著

出　　版	学林出版社
	(201101　上海市闵行区号景路 159 弄 C 座)
发　　行	上海人民出版社发行中心
	(201101　上海市闵行区号景路 159 弄 C 座)
印　　刷	上海丽佳制版印刷有限公司
开　　本	890×1240　1/32
印　　张	5.25
字　　数	11 万
版　　次	2022 年 9 月第 1 版
印　　次	2022 年 9 月第 1 次印刷

ISBN 978-7-5486-1858-4/G·696

定　　价　58.00 元